# 大学班级管理实践

DAXUE
BANJI
GUANLI
SHIJIAN

U0819267

许志铭 著

海峡出版发行集团 | 福建人民出版社
THE STRAITS PUBLISHING & DISTRIBUTING GROUP | FUJIAN PEOPLE'S PUBLISHING HOUSE

**图书在版编目（CIP）数据**

大学班级管理实践/许志铭著．--福州：福建人民出版社，2022.2

ISBN 978-7-211-08846-1

Ⅰ.①大… Ⅱ.①许… Ⅲ.①高等学校—班级—学校管理 Ⅳ.①G647.34

中国版本图书馆 CIP 数据核字（2022）第 017589 号

**大学班级管理实践**

DAXUE BANJI GUANLI SHIJIAN

**作　　者：** 许志铭
**责任编辑：** 张辉兰
**出版发行：** 福建人民出版社　　**电　　话：** 0591-87533169(发行部)
**网　　址：** http://www.fjpph.com　　**电子邮箱：** fjpph7211@126.com
**地　　址：** 福州市东水路 76 号　　**邮政编码：** 350001
**经　　销：** 福建新华发行（集团）有限责任公司
**印　　刷：** 福州德安彩色印刷有限公司
**地　　址：** 福州市金山浦上工业区 B 区 42 幢
**开　　本：** 890 毫米×1240 毫米　1/32
**印　　张：** 5.75
**字　　数：** 125 千字
**版　　次：** 2022 年 2 月第 1 版　　2022 年 2 月第 1 次印刷
**书　　号：** ISBN 978-7-211-08846-1
**定　　价：** 30.00 元

# 目　录

# 第一章　大学班级管理概述

大学班级管理不仅是一个管理学的概念，更是高校思想政治教育的重要内容。本章主要对大学班级管理的发展过程、定义、必要性和重要性、国内外相关理论、当前存在的主要问题以及目标等进行探讨，揭示大学班级管理的内涵及外延。

## 第一节　大学班级与大学班级管理

### 一、大学班级概述

#### （一）大学班级的概念界定

大学班级和小学、中学的班级概念有所区别，大学班级更具主体性、组织性和社会性。以下是班级概念的几种主要观点：

1. 班级授课制萌芽于古罗马教育家昆体良，他的理论继承者捷克教育家夸美纽斯对班级授课制进行了系统论述。夸美纽斯是教育史上最早提出普及教育的思想家，为探索普及教育的道路、实现教“一切人”的理想，夸美纽斯找到一种切实可行的先进教学制度——班级授课制。1632 年，夸美纽斯完成了他的主要论著《大教学论》。正如《大教学论》开篇所阐明的，它是“把一切事物教给一切人们的全部艺术”，这是教育史上一个革命性的创举。根据这种制度，学生被组织成班级，每个班又被分成几个小组，一名教师向全班授课，多则可同时教几百个学生，学生组长的职责则是协助教师维持课堂纪律。①

2. 20 世纪 30 年代，苏联的克鲁普斯卡娅和马卡连科认为“集体是群体的高级形式”，只有具有“共同价值、共同活动的目的与任务且具有凝聚力的高度组织起来的群体才是集体”。他们认为班级是一种集体，对班级集体的社会特征、活动体系、交往和人际关系、社会组织形式、社会环境等做了论述，把班级集体的社会本质概括为高度的社会倾向性、组织性和主体性。②

3. 日本当代著名教育社会学家片冈德雄提出，班级是在课堂进行学习的人的群体组织。他把班级规定为“学习集体”，认为这种学习集体以持续的学习为目标，包括两个及两个以上的人，并且成员之间存在着指导与学习的分工。

4. 20 世纪 90 年代，我国教育社会学中产生了一个观点，认为“班级不仅是以社会化学习为中心的社会关系体系，而且

① 卢妍宇：班级文化建设研究 [D]，广西师范大学（硕士论文），2005 年。

② 张艳薇：魏书生班级管理模式研究 [D]，辽宁师范大学（硕士论文），2007 年。

是一种为社会需要培养未来人才的社会组织”，同时认为“班级具有各类社会组织共同的特点，同时也有一些自身的特点”，并阐释了班级的组织目标、组织结构和班级中成员的社会组织形式等内容。①

5. 20 世纪 90 年代末，我国社会教育学中出现了关于班级概念的另一种观点。这一观点从班级的规模问题、规范问题和制度问题三方面认定班级是一种特殊的社会初级群体，并论述了这一初级群体的特点。“首先，班级这种社会初级群体在互动方式上具有一种情感和理性的双重性”；“其次，班级这种初级群体具有较统一的目标和行为上较大的整合性”；“再次，班级这种初级群体具有在形式上比较正式的群体结构”。②

班级最早出现在 16 世纪，法国的居耶纳中学、德国的斯特拉斯堡文科中学等是最初设立班级的学校。最早使用 class 一词的是文艺复兴时期的著名教育家埃拉斯莫斯，在这时期，把学生群体分成班级被看作是优秀学校的标志之一。到了 17 世纪，夸美纽斯总结了前人和自己的经验，在《大教学论》中提出了“班级授课制”，为班级组织奠定了理论基础。我国古代私人讲学和宋代以后的书院都下设班级，我国最早采用班级制的是 1862 年在北京开办的京师同文馆。到了 1904 年，清政府颁布《奏定学堂章程》（即癸卯学制），规定取消私塾，设立学堂，至此班级才在全国推广开来。

---

① 张艳薇：魏书生班级管理模式研究［D］，辽宁师范大学（硕士论文），2007 年。

② 张艳薇：魏书生班级管理模式研究［D］，辽宁师范大学（硕士论文），2007 年。

班级首先作为一种教学组织形式，以固定的人数组织学生对教学内容进行系统的学习。而后，随着社会的发展，班级的功能不断增多，班级不仅作为一个教学单位，也成为学校管理中一个相对稳定的层级。上述关于班级的观点各不相同，但它们都抓住班级组织的基本特征，将其界定在学校教育及学习过程的范围中，无论是认为班级是一种特殊的集体，还是认为班级是“学习集体”“初级群体”，这些观点都没有离开学校教育中班级本身所具有的教育功能和社会功能。纵观班级在学校所处的位置及其在人类教育中的功能与作用，可以认定：首先，班级是教师和学生共同组成的集体；其次，班级是学校基本的教育单位；再次，班级是一种社会体系。

大学班级是大学生步入社会的最后一个缓冲站，在具备普通班级属性的基础上，还具有自己的特点。大学班级作为一个以大学生为主体、以大学生个体社会化为目标的社会体系，它有着不同于其他社会群体或组织的特点：它是具有教育功能的教育实体，同时也是具有社会化功能的社会实体。结合我国高等教育的实际情况，大学班级的概念可以描述为：大学班级是高等教育过程中的一个基本单位，是以大学生为主体，以学习活动、综合素质拓展为主要内容，以师生间、学生间、学生与社会其他群体间的活动和交往为纽带组织起来，以实现大学生个体社会化、促进其全面发展为目标的社会学习群体。

### （二）大学班级的构成要素

#### 1. 辅导员

辅导员是指从事学生思想政治教育、学生日常管理、就业指导、心理健康辅导以及学生党团建设等方面工作的教师。一个辅导员管理一个或数个班级。高等学校的辅导员与中小学班主任的区别在于，中小学班主任是在校长或学校负责思想政治教育的教导主任的领导下开展工作，而大学辅导员是在党委（党总支）书记或副书记的领导下完成各项学生工作。在班级工作中，辅导员比班主任（班导师）有优先权；在管理分工上，辅导员具有参与权和否决权。

目前有部分高校从研究生、高年级本科生中遴选一批学生作为低年级的兼职辅导员，遴选条件比较严格，遴选出来的学生具有很强的代表性，综合素质高，用同辈教育引导学生。一方面因为年龄相近，心态相仿，喜好相似，这些兼职辅导员很容易与同学们打成一片，和同学们相互交心交底；另一方面这些兼职辅导员比同学们年长，人生阅历更加丰富，能为同学们排难解惑。因此，一个受欢迎的兼职辅导员会使同学们觉得像多了个亲人。笔者从相关研究及实证来看，目前这个做法成效显著，或可进一步推广。

2. 班主任

相较于中小学而言，班主任不再是大学班级事务的最终决策者，而更多地承担辅助性的工作。在大学班级工作中，班主任（班导师）通常具有建议权，而非决定权。因此，在一定程度上，班主任（班导师）是辅导员工作的辅助者。

但是，目前很多高校的班主任（班导师）和辅导员在学生管理工作中的分工不够明确。班级学生工作主要依靠辅导员和团委学生会干部开展，许多班主任（班导师）的作用并未得到真正发挥，班主任（班导师）工作机制还需进一步探索完善。

3. 班委会

班委会是高校学生工作队伍的重要组成部分之一，班委会成员既要对本班负责，又要对院系的团委学生会负责，同时，班委会的成员分别对应团委学生会的学生干部。从班级工作上传下达的角度来看，班委会成员既要服从班主任（班导师）的领导和指导，也要完成辅导员以及团委和学生会干部安排的工作。另外，根据高校党建和培养目标的要求，高校的班级中通常设置团支部书记，在有条件的班级设置党支部书记。但是就目前状况而言，高校党支部、团支部和班委分工不够明确，党支部通常只履行发展党员和组织理论学习等职责，而团支部和班委通常是分家不分工。辅导员和班主任（班导师）在进行班级队伍管理时应明确党支部、团支部、班委的定位，理顺关系，分清目标，合理选拔、管理和培养适合该岗位的人员。

4. 大学生

在高校，班级成员主要由大学生构成，只有掌握了大学生身心发展的主要特征才能更好地进行管理。大学生的身心发展特点不同于儿童、少年，也不同于社会上的成年人。本书班级管理对象界定为普通高校的大学生，年龄在 18 岁至 25 岁。

当前高校大学生普遍思想健康，积极向上。他们胸怀大志，勇于自立自强，乐于接受新鲜事物，拥护党的路线和政策，对实现“中国梦”和自己的梦有强烈的渴望和十足的信心。同时，大学生的心理、思想正处在成长的关键期，正在迅速走向成熟又未完全成熟，世界观和人生观正在形成，他们不停地思考、选择和探索。大学生处在人生生理、心理变化最显著时期，在情感、行为和心理方面具有以下特征：从人格方面来看，一方面情感丰富，富有激情，另一方面存在心理人格发展不健全的情况；从行为特征方面来看，一方面具备了一定的独立能力，但要求自我判断、独立行事，不希望他人干涉，另一方面，由于生活阅历少，处事经验不足，还不具备完全的独立的社会地位，同时也有着思维简单片面、对事物深层认识不够、盲目自信、追求新异、缺少分析、脱离实际等不足。①

随着我国综合国力的提升和高等教育的发展，当代大学生表现出了鲜明的个性特点，主要表现如下：

（1）当代大学生的优点

第一，适应新事物的能力非常强。如在了解和使用电脑等方面，大学生走在了时代的最前面，对父辈人起到了促进、帮助甚至指导作用。当代大学生思想较成熟，对事物的发展有着自己独到的见解，能清楚地认识到自身存在的优缺点。

第二，注重塑造自我形象。同前几代青年相比，当代大学生比较自信，更加注重自我形象的设计，追赶时尚，不愿落在他人之后。

第三，具有较强的平等意识和自我保护观念。平等意识已渗入大多数青年学生的心灵，他们希望自己的人格能够得到尊重，要求和家长、老师平等相处。随着普法教育的展开，当代大学生不仅了解许多法律知识和法律程序，而且还懂得用法律维护个人利益，他们经常向家长和老师申明他们应该享有的权利，比较突出的就是他们在维护自己隐私权方面所做的努力。

---

① 陈海岩：新时期高等学校班级建设研究［D］，华中师范大学（硕士论文），2008年。

第四，对社会工作有较强的参与意识。当代大学生常常参加一些社会公益事业，较典型的就是越来越多的大学生加入到青年志愿者行列之中，为社会、为他人做出自己的贡献。有的学生坦言，他们在刚入学时就参加了四五个社团。对于青年大学生的这种热情，如果加以正确引导，既有利于他们更好地参与社会工作、增长才干，又有利于他们的学业。

第五，注重从身边事实出发进行独立思考。当代大学生在做出某种价值判断时，往往以他们耳濡目染的事实作为根据，大道理不太能打动他们。如他们经常会说："我看到的和书上讲的不一样，老师您能给解释一下为什么吗?"他们敢于说出自己的想法，并且为自己的想法努力学习，寻找可靠资料试图给出有力的证明。

第六，处理问题更具有时代性。当代大学生善于表现自己，懂得寻找解决问题的途径，善于利用科技手段处理传统工作中的问题。如当代许多大学生知道如何利用网络发现问题、解决问题；他们懂得对比多方观点，博采众长。

（2）当代大学生的缺点

第一，心理承受能力不强，对生活的理解过于乐观、简单。由于经济的发展和社会的进步，当代大学生的生活条件明显改善，再加上独生子女从小受到的是一种"暖箱式"的关怀爱护，他们中的很大一部分人难有对艰辛生活的体验，生活独立能力不能满足现实需要。同时"应试教育"和"望子成龙"的重压又使他们的生活空间难以扩展，使他们明显缺乏勇敢面对生活中的困难的能力和必要的忍耐力，因此他们心理比较脆弱。

第二，个人主义倾向突出。大多数“新新人类”显示出了较为强烈的攻击性，喜欢公开批评他人，情绪波动大。在讨论课上就有这种情形发生：本来大家各自发表意见，肯定各有不同，但一些持有不同观点的同学不是从理论上来相互反驳，而是更倾向于人格攻击、讽刺挖苦嘲笑、互不理睬对方等，表现出了不成熟的一面。但是，由于这些独生子女长期生活在成人堆里，他们从小就耳濡目染大人之间的礼尚往来、人情世故，从而又表现出一种与他们年龄不相称的老成与早熟。

第三，功利主义思想比较严重。当代大学生渴望得到他人认可却又急于求成，渴望功成名就却不太愿意付出，与同事或同学的友谊多数建立在物质之上。上网聊天已成为时尚，没见过面就可以成为知己，打电话代替了书信交流，同学间的交往越来越没深度，越来越没耐心。

第四，自我管理、自我教育、自我服务能力较差，容易受到周围环境的影响。我们发现在当代大学生之间存在一种可以称之为“群体效应”的现象。如宿舍中一个或者几个同学考取了某一方面的技术或者职业证书，则整个宿舍都会受影响去考这方面的证书；一个宿舍大多人都玩某一个网络游戏，那么其他人也会跟着玩。

总而言之，当代大学生的优缺点体现了时代的特点，富有可塑性。在四年的大学时光中，班级管理者（辅导员、班长等）的有效引导和帮助可以使当代大学生学会面对现实，学会角色转换，学会自我教育、自我管理、自我服务，最终使当代大学生改正缺点，发扬优点，谱写出悦耳的青春乐章。

### （三）大学班级的作用

#### 1. 班级是大学生成长之家

从进入大学开始，大学生就生活在班级中，在这里，大学生的能力得以培养，个性得以形成，特长得以发挥。在班级这个基本的教育场所中，辅导员、班主任（班导师）能够针对大学生的一般特点和个别差异采取各种有效措施，使大学生养成良好的学习习惯。辅导员、班主任（班导师）通过班级有目的有计划地向大学生传达社会规范和价值观念，能使大学生逐渐认识社会生活准则，学会正确处理个人与他人、集体、社会的关系，融入社会的共同价值体系，履行自己的义务，享受应有的权利。同时由于班级经常开展各种活动，大学生能得到各种展示的机会，他们的能力和特长得以施展和发挥，他们的视野得以拓展，才干得以增长。

#### 2. 班级是陶冶大学生的熔炉

在班级中，大学生相互间的陶冶和各种集体活动的潜移默化的影响，不仅使大学生产生积极向上的精神信念，而且使大学生形成良好的个性品质。班级若形成了好的集体气氛——这种气氛主要表现在积极向上、团结友爱、热爱集体、忠诚诚信、朝气蓬勃等方面——就有一种无形的力量，使每个同学都在集体中有上进的意识，对集体有深深的热爱之情。这种陶冶有赖于班级的多种多样的活动，组织的活动愈多，学生的表现愈充分，每个人受陶冶的机会就愈多，班级的陶冶功能就发挥得愈淋漓尽致。陶冶也有赖于班级的环境，好的班级有良好的文化环境、生活环境，这种环境虽然是“软性”的，但对学生的影响却是实实在在的。

3. 班级是大学生自我教育、自我管理、自我服务的主要组织载体

加强班级集体建设，组织开展丰富多彩的主题班会等活动，可以起到团结学生、组织学生、教育学生的作用。先进的班级在大学德育中可以发挥对学生的教育作用。良好的班级不仅具有行政管理的功效，更具有积极的教育功能。这种教育功能，表现在良好的班级可以培养学生的集体主义思想上。集体主义要求个人利益服从集体利益和国家利益，可以使个人在集体中获得同志般的友谊、支持，产生战胜和克服困难的信心和力量，可以使个人正确认识自己在集体中的地位，从而提高自我评价的能力，获得成就感。

良好的班级必定有良好的班风，班风的教育作用比规章制度、纪律约束的作用更显著，而且不会引起不良反应。班级可以在大学生中发挥自我管理的作用，这种作用体现在形成正确舆论上。舆论是指集体对某一件事情或某一言行的评价及倾向性意见。这种评价和意见往往能够形成一种巨大的力量，对班级有着重大的影响。良好的班级必然有着正确的舆论，而集体的正确舆论对于集体中每一个成员思想觉悟的提高，优秀道德品质的培养，良好的行为、习惯、意志、性格的形成都有巨大的熏陶、鼓励和促进作用。良好的班级一经形成，这个班的同学就会互相信任，真诚对待，团结和睦；这个班的同学就会努力学习，积极钻研；这个班的干部就会努力工作，防患于未然，即使出现一些毛病，也能运用批评和自我批评的方式加以解决：这样班级自然就发挥了大学生自我管理、自我教育、自

我服务的作用。①

## 二、大学班级管理的定义

国外关于班级管理的研究比较繁杂，美国学者杜克主编的《班级管理》认为，班级管理是以班级为单位的一切教育活动及作为班主任的一切职责的总称，“是以一定的价值为目标，求得具备一定要素的业务的完成”。古德（C. V. Good）将班级管理定义为“为处理或指导班级活动所特别涉及的问题，如纪律、民主方式、补充和参考资料的使用与保管、教室的物理特色、一般班务处理及学生社会关系”。约翰逊（L. V. Johnson）等人认为“班级管理是建立和维持班级团体，以达成教育目标的历程”。艾默（E. T. Emmer）则将班级管理视为“教师一连串的行为和活动，主要在培养学生班级活动的参与感与合作性，其范围包括了安排物理环境、建立和维持班级秩序、督导学生进步情形、处理学生偏差行为、培养学生工作责任感及引导学生学习”。②

国内对班级管理的研究也已较为成熟，但学者对于班级管理这一概念的定义则是见仁见智。近年来有学者提出用“班级经营”代替“班级管理”（国外也叫“教室管理”），将班级经营定义为：教师或师生遵循一定的准则，通过计划、组织、安排、督导和预期等活动，适当有序地处理班级中的人、事、物

---

① 陈海岩：新时期高等学校班级建设研究［D］，华中师范大学（硕士论文），2008年。

② 代芳芳：大学班级管理研究——基于高度参与式管理模式［D］，江西师范大学（硕士论文），2010年。

等各项业务，以发挥教学效果，完成教育目标的历程。包括如下内涵：班级经营的目标是育人；班级经营的项目涵盖了人、事、物等内容；班级经营的方式要符合教育的原理；班级经营决策是师生双向互动的结果。

檀传宝的《德育与班级管理》认为班级管理是指班主任按照一定的原则和具体要求，采取适当的方法，组织、指导、协调各种因素，为构建良好的班集体以及实现共同目标而进行的综合性活动。简单地说，班级管理是指班主任对全班学生的思想、学习、劳动、生活等各项工作的管理。①

季明明这样定义班级管理："班级是学校进行教育教学工作的基本单位，也是学生学习、生活的正式组织。所谓班级管理是指学校管理者通过班主任的指导和学生的共同努力，把班级的全体同学组成有共同目标、有组织核心、有正确舆论、有旺盛士气的集体，并使班集体成为教育教学的主体。"

林冬桂的《班级教育管理通论》认为，班级管理是指班级教育管理者带领班级学生按照班级教育管理规律的要求，为实现班级工作目标而进行的一系列职能活动。②

劳凯声认为："班级管理既包括学校领导对班级的管理，又包括班主任对班级的管理，还包括学生的自我管理。班主任对班级的管理是指班主任按照教育目标和学校教育计划的要求，对班级进行组织、指导、协调、控制，建立和发展班集体

---

① 檀传宝：德育与班级管理［M］，北京：高等教育出版社，2007 年，第 41 页。

② 林冬桂：班级教育管理通论［M］，广州：广东高等教育出版社，2008 年，第 11 页。

以全面实现班级管理的目标。”①

钟启泉认为，“班级”是指旨在开展学校教育，为使之从制度上成为一定的教育单位所编制的校内团体。教师整顿这种团体的教育条件，有效地推进有计划的教育的行为，谓之“班级管理”。

白铭欣提出：“班级管理是班主任按照一定的要求和原则，采取适当的方法，建构良好的班级集体，为实现共同目标不断进行调整和协调的综合性活动；是班主任对所带班级的学生的思想、品德、学习、生活、劳动、课外活动等多项工作的管理教育活动。”②

由国内外对班级管理的定义来看，我国对班级管理的研究注重管理者的主导作用和主体地位，而国外的研究主要强调班级作为一个群体的作用。此外，国内外的班级管理大多是广义的概念，没有特定指大学班级管理。所以笔者立足于现状、立足于对象、立足于高等教育的发展趋向对大学班级管理进行定义。笔者以为，班级管理的本质是由班级的本质决定的，要认识到班级管理和班级教育的不同。所谓大学班级管理，即高等教育者、管理者与班级中全体大学生一起，为着既定的共同目标，在民主协商的基础上，通过计划、组织、实施、调控、沟通、评价、反馈等手段，不断创造和整合班级教育资源、优化班级生态环境、促进合作与沟通，使大学生健康愉快地生活，实现主动、全面和个性化发展的过程总和。

---

① 劳凯声：班主任工作实用全书［M］，北京：开明出版社，2000 年，第 218 页。

② 白铭欣：班级管理论［M］，天津：天津教育出版社，2000 年，第 19 页。

从上述概念看出，新时代班级管理强调管理主体的多元化，多元化的管理主体就是要实现“四位一体”（管理共同体）。“四位”指辅导员（班主任）、任课教师、家长、学生四个方面，这四方面不是简单地叠加，而是各司其职、协调一致，形成密不可分的管理共同体，提升班级管理的综合效能。班级管理共同体必须通过建立有效的班级外部和内部管理体系来获得。外部管理体系是以班主任为枢纽的教师和家长群体所构成的管理体系，内部管理体系是辅导员（班主任）主导下的学生群体自治体系，内外体系之间以“对话”作为桥梁和纽带。①

## 三、大学班级管理的重要性与必要性

大学班级管理是一门艺术，同时也是一门科学。任何科学都必须具备坚实的理论支撑。在阐述和大学班级管理相关的理论之前，我们先探讨一个问题：目前，我们是否需要加强和改进大学班级管理？

科教兴国是国家的基本国策，国民素质的提高很大程度依赖于教育。在人的教育发展过程中有一个非常重要的环节，那就是接受高等教育。而大学班级管理是高等教育的一个重要载体。然而目前大学班级管理属于容易被忽略的环节。

大学班级相比中小学班级，有着不同的特性。中小学生以家、学校（教室）为中心，班级只是学习单位；而大学生则以

① 刘建：班级管理创新研究——以上海二期课改为背景［D］，华东师范大学（硕士论文），2005 年。

班级（宿舍）为中心，班级不仅是学习单位更是生活组织，因此大学生应把班级作为家。根据马斯洛的需要层次理论，大学生在班级里可以得到四个层次的需要满足——安全需要、归属与爱的需要、尊重需要、自我实现的需要。班级给予大学生的不仅是施展才华和展示个性的平台，更是爱的港湾、温暖的怀抱。同时，作为大学班级的灵魂，班风和学风能赋予大学生另一种生命，可以让大学生脱胎换骨。

中共中央、国务院《关于进一步加强和改进大学生思想政治教育的意见》提到，班级是大学生的基本组织形式，是大学生自我教育、自我管理、自我服务的主要组织载体。要着力加强班级集体建设，组织开展丰富多彩的主题班会等活动，发挥团结学生、组织学生、教育学生的职能。

大学班级管理的必要性和重要性体现在以下几个方面：

1. 大学班级管理能够推动良好班集体的建设。班集体是大学班级管理的对象，也是班级管理的前提。任何班级管理目标的实现都建立在有一个良好班集体的基础上。大学班级管理可以推动良好班集体的建设，良好班集体的形成又服务于大学班级管理，两者相辅相成，不可或缺。

2. 大学班级管理能够帮助协调学生、教师、家庭及社会之间关系。班级的管理工作是辅导员、班主任、班干部以及班级全体成员共同完成的，除此之外，班级还需与任课老师、家长和社会保持沟通和联系。大学班级管理能够推动班级成员协调好与教师、家庭及社会的关系。

3. 大学班级管理能够促进合理的班级管理目标的确立，从而确保学校管理目标的落实。目标是一个组织开展管理活动的必要构成要素，换言之，任何一个组织的管理都是为了实现组织目标而存在的。大学班级是一个组织，所以其管理必定是一个有目标的管理过程。而班级管理目标又是学校管理目标的组成部分。因此，大学班级管理能够通过民主协商和管理过程中的具体实践促进合理的班级管理目标的实现，从而确保学校管理目标的实现。

4. 大学班级管理能够推动班干部做好班级的常规工作，提高班级日常事务的处理效率。班级管理的目标在具体实践中会落实到班级的各项常规工作中，由于班级日常事务较多且较为烦琐，因而一般来说，班级管理者会针对班级成员特别是班干部分配任务及划分权责。这种方式能够避免班干部“在其位而不谋其政”以及班级内部互相推卸责任等情形的出现，从而使班级各项事务的处理效率得到提高。

5. 大学班级管理是促进大学生特别是班干部完成社会化转变的途径和渠道，能够使班干部的各项能力在锻炼中得以提高。在协助辅导员或班主任进行班级管理的过程中，班干部不可避免地要与班级同学、其他班级、各科任老师等进行沟通和交流，这能够推动大学生特别是班干部完成社会化转变，增强集体观念。同时，在处理班级日常事务的过程中，班干部也必然会遇到层出不穷的问题，通过解决这些问题，班干部的各项能力得以提升，如组织协调能力、沟通交流能力、突发事件应对能力等。

## 第二节　大学班级管理相关理论

### 一、国外相关理论

国外关于班级管理的研究可以追溯到近代教育学家夸美纽斯所确立的班级教学制度及其理论体系。国外学者善于利用其他学科的理论来研究班级管理，但是其中绝大部分是对中小学班级管理的研究，而且更多的是针对学生事务管理方面的研究，针对大学班级管理的研究很少。通过梳理国外文献，笔者发现国外班级管理研究中的群体与环境的互动研究和理论模式研究对改善大学班级管理有很多值得借鉴的地方。因此，对国外文献、案例的研究，笔者主要着眼于其在管理学、组织行为学方面对班级管理的借鉴意义。

（一）破窗理论

多年前，美国斯坦福大学心理学家詹巴斗进行过一项试验：他找了两辆一模一样的汽车，其中的一辆摆在帕罗阿尔托的中产阶级社区，而另一辆停在相对杂乱的布朗克斯街区。停在布朗克斯的那一辆，他把车牌摘掉了，并且把顶棚打开。结果这辆车一天之内就给人偷走了，而放在帕罗阿尔托的那一辆，摆了一个星期也无人问津。后来，詹巴斗用锤子把放在帕罗阿尔托的那辆车的玻璃敲了个大洞。结果呢？仅仅过了几个小时，它就不见了。

以这项试验为基础，政治学家威尔逊和犯罪学家凯琳提出了“破窗理论”。破窗理论认为，如果有人打坏了一个建筑物的窗户玻璃，而这扇窗户又得不到及时的维修，别人就可能受到某些暗示性的纵容去打烂更多的窗户玻璃。久而久之，这些破窗户就给人造成一种无序的感觉。结果在这种公众麻木不仁的氛围中，犯罪就会滋生、猖獗。破窗理论被广泛运用于各个领域，且在各个领域都发挥着重要作用。18 世纪的纽约以脏乱差闻名，环境恶劣，犯罪猖獗，地铁的情况尤为严重，是罪恶的延伸地，平均每 7 个逃票的人中就有一个通缉犯，每 20 个逃票的人中就有一个携带武器者。1994 年，新任警察局长布拉顿开始治理纽约。他从地铁的车厢开始治理。车厢干净了，站台跟着也变干净了，站台干净了，阶梯也随之整洁了，随后街道也干净了，然后旁边的街道也干净了，后来整个社区干净了，最后整个纽约变了样，变整洁漂亮了。现在纽约是美国治理最出色的都市之一，这件事也被称为“纽约引爆点”。

**图 1 破窗理论**

而在校园里出现的“破窗现象”也比较多，要及时运用破窗理论去解决出现的问题。比如不少班级在实际管理过程中追求班级的小集体利益，出了事情不是上报而是自己解决，而解决问题也只是蜻蜓点水，以致学生违反了学校某项具体的管理规定后，并没有受到相应的处罚，或是处罚根本无关痛痒。从表面上看，这个班级的辅导员非常具有人情味，然而对问题的纵容或处之以宽会使学生产生一种“其实也没有什么大不了”的错觉，久而久之，遗患无穷。因此当班内有学生违纪了，班级管理者应对违纪同学进行批评，并对其进行合理的惩罚，让其意识到自己犯错了，要及时改正。这样才能及时修好第一扇“破窗”，有效遏制、消除“破窗现象”。

（二）PDCA 理论

PDCA 循环又叫戴明环，是美国质量管理专家戴明博士首先提出的，是全面质量管理所应遵循的科学程序。全面质量管理活动的全部过程，就是质量计划的制订和组织实现的过程，这个过程就是按照 PDCA 循环不停顿地周而复始地运转的。

PDCA 是英语单词 Plan（计划）、Do（执行）、Check（检查）和 Act（处理）的首字母组合，PDCA 循环就是按照这样的顺序进行质量管理，并且循环不止地进行下去的科学程序。

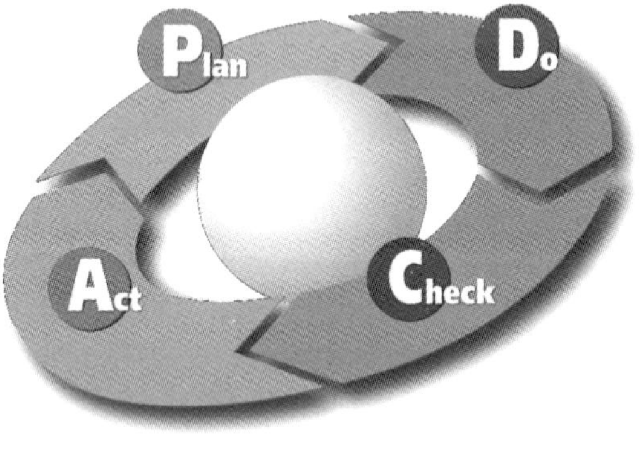


图 2　PDCA 循环运用与流程图

1. 各级质量管理都有一个 PDCA 循环，形成一个大环套小环，一环扣一环，互相制约，互为补充的有机整体。在 PDCA 循环中，一般来说，上一级的循环是下一级循环的依据，下一级的循环是上一级循环的落实和具体化。

2. 每个 PDCA 循环都不是在原地周而复始运转，而是像爬楼梯那样，每一循环都有新的目标和内容，这意味着管理活动经过一次循环，解决了一批问题，整体水平有了新的提高。

3. 在 PDCA 循环中，A 是一个循环的关键。

（1）P 阶段：制订计划

步骤一：选择课题。课题的选择要根据自己与集体的需求及事件的轻重缓急来确定。

步骤二：设定目标。目标可以是定性＋定量化的，能够用数量来表示的指标要尽可能量化，不能用数量来表示的指标也要明确。目标是用来衡量实验效果的指标，所以设定应该有依据，要通过充分的现状调查和比较来获得。

步骤三：提出各种方案并确定最佳方案。筛选出所需要的最佳方案，统计质量工具能够发挥较好的作用。正交试验设计法、矩阵图都是进行多方案设计中效率高、效果好的工具方法。

步骤四：制订对策。计划的内容如何完成好，需要将方案步骤具体化，逐一制订对策，明确回答方案中的“5W”“1H”，即为什么制订该对策（Why）、达到什么目标（What）、在何处执行（Where）、由谁负责完成（Who）、什么时间完成（When）和如何完成（How）。

（2）D 阶段：准确执行

按照预定的计划，在实施的基础上，努力实现预期目标的过程。

步骤五：实施对策。对策制定完成后就进入实验、验证阶段，也就是做的阶段。在这一阶段，除了按计划和方案实施外，还必须要对过程进行测评，确保工作能够按计划进度实施。同时进行数据采集，收集过程的原始记录和数据等项目文档。

（3）C 阶段：检查效果

确认实施方案是否达到了目标。

步骤六：使用采集的数据来检查效果，确认目标是否完成。若是未达到预期目标，首先应确认是否有严格按照计划实施对策，若有，则说明对策失效，需要重新确定最佳方案。

（4）A 阶段处置

步骤七：标准化。针对已被证明的有成效的措施进行标准化处置，并制定成工作标准，以便以后的执行和推广。

步骤八：问题总结。对效果不显著的方案或者实施过程中出现的问题进行总结，为开展新一轮的 PDCA 循环提供依据。

PDCA 循环原理在班级管理中具有较广泛的运用，如对学生学习质量进行管理，能收到较好效果。在计划阶段，要综合分析前一学期全班的学习成绩，明确本学期的学习课程内容，提出新学期的班级学习质量计划，然后通过班委会讨论确定最终计划，并把各个不同时期的具体步骤变成可操作条例；在实施阶段，要激发学习热情，优化学习环境，树立学习榜样；在检查阶段，明确计划完成程度，观察总体分布状态，研究成绩动态，进行假设检验；在处理阶段，总结经验教训，把学习引向深入。此外，PDCA 循环原理还可以用在班级大型活动、跨班级活动上。运用 PDCA 循环原理要注意“四阶段、八步骤”的原理要点，但在规范的循环操作中也应注意创新与改革，很多班委在班级工作中照搬教条，循规蹈矩，出现过于理论化的现象，使班级工作缺乏新意，失去吸引力与活力。

（三）Z理论

Z理论由日裔美国学者威廉·大内（William Ouchi）在1981年出版的《Z理论》一书中提出，其研究的内容为人与企业、人与工作的关系。大内选择了日、美两国的一些典型企业（这些企业在本国及对方国家中都设有子公司或工厂）进行研究，发现日本企业的生产效率普遍高于美国企业，而美国在日本设置的企业，如果按照美国方式管理，其效率便差。根据这一现象，大内提出美国的企业应结合本国的特点，向日本企业学习管理方式，形成自己的一种管理方式。他把这种管理方式归结为Z型管理方式，并对这种方式进行理论上的概括，称为“Z理论”。

Z理论的主要内容：

1. 畅通的管理体制。管理体制应保证下情充分上达，应让职工参与决策，及时反馈信息。特别是进行重大决策时，应鼓励第一线的职工提出建议，然后再由上级集中判断。

2. 基层管理者享有充分的权利。基层管理者对基层问题要有充分的处理权，还要有能力协调职工们的思想和见解，发挥大家的积极性，开动脑筋制定出集体方案。

3. 中层管理者起到承上启下的作用。中层管理者要起到统一思想的作用，统一向上报告有关情况，提出自己的建议。

4. 长期雇佣职工，整理和改进来自基层的意见。企业要长期雇佣职工、技工，增强他们的安全感和责任心，与企业共荣辱、同命运。

5. 关心员工的福利。管理者要处处关心职工的福利，设法让职工心情舒畅，营造上下级关系融洽、亲密无间的局面。

6、创造生动的工作环境。管理者不能仅仅关心生产任务，还必须设法让工人们感到工作不枯燥、不单调。

7. 重视员工的培训。要重视职工的培训工作，注意从多方面培养他们的实际能力。

8. 重视职工的考核。考核职工的表现不能过窄，应当全面评定职工各方面的表现，长期坚持下去，作为晋级的依据。

Z 理论并不看重管理者个体的态度和行为模式，而是看重整个组织凝聚在一起并施以控制的组织文化的差异。Z 理论的文化系统中包括较长的雇佣期、经大家同意的决策、个人的职责、缓慢的评价和晋升、精确衡量绩效的非正式控制系统、中等专门化的职业道路、对员工生活的各个方面（包括家庭）承担义务。在制度上非常严格，在精神上非常开明。既注重对人的监督、鞭策和惩罚，又注重对人的关心、尊重和激励，既强调物质和制度层，也强调精神和人性面。

Z 理论认为，一切企业的成功都离不开信任、敏感与亲密，因此主张以坦白、开放、沟通作为基本原则来实行“民主管理”。在我国的大学里，培养组织成员的信任、敏锐和亲密观念是在意识领域实施有效管理的重要手段。从管理学、组织行为学的视角，在班级管理中，Z 理论同样适用。比如，有意识地选择和培养可造之才。第一届班委是第一梯队的领军人物，要着重培养，同时要不断地物色和培养普通同学当中的“潜力股”，组织培训，分配任务，激发他们的主动性和创造性，为第二梯队的班级干部做准备。班集体要注重自我评价，班委要开展考评工作，包括短期与长期的考评，要注重班级沟通、信息共享、团队建设等问题。在开学初期制定班级发展规划和学期计划，定期（每半学期或者每两个月）总结和评价，适当调整班级的发展计划。班级制定班委考核条例和学生考核标准，定期对班委的工作进行考察和评价，将其结果作为各项荣誉评选的参考依据，一方面起到监督的作用，另一方面则激励各班委勤奋工作。班级管理者注重以坦白、开放、沟通作为基本原则来实行“民主管理”，培养成员间的信任和亲密感。这些都是对Z理论原理的有效利用。

（四）目标管理理论

刘易斯·卡罗尔的《爱丽丝漫游奇境记》里面爱丽丝有这么一个故事：

“请你告诉我，我该走哪条路?”

“那要看你想去哪里。”猫说。

“去哪儿无所谓。”爱丽丝说。

“那么走哪条路也就无所谓了。”猫说。

这个故事告诉我们，人要有明确的目标，当一个人没有明确的目标时，自己都不知道该怎么做，别人又怎么能够帮助你呢？一个人是这样，一个班级也是这样。

美国管理大师彼得·德鲁克（Peter Drucker）于1954年在其名著《管理实践》中最先提出了“目标管理”的概念，其后他又提出“目标管理和自我控制”的主张。德鲁克认为，并不是有了工作才有目标，而是相反，有了目标才能确定每个人的工作。所以“企业的使命和任务，必须转化为目标”，如果一个领域没有目标，这个领域的工作必然被忽视。因此，管理者应该通过目标对下级进行管理，当组织最高层管理者确定了组织目标后，必须对其进行有效分解，转变成各个部门以及各个人的分目标，管理者根据分目标的完成情况对下级进行考核、评价和奖惩。

目标管理（Management by Objective，MBO）是以目标为导向，以人为中心，以成果为标准，使组织和个人取得最佳业绩的现代管理方法。目标管理亦称“成果管理”，俗称责任制，是指在企业个体职工的积极参与下，自上而下地确定工作目标，通过编制计划、组织实施、协调控制和监督检查计划执行情况等一系列工作，自下而上地保证目标实现的一种管理办法。

目标就像是在大海中航行的船上的指南针，指引着船只到达既定的地点。目标设置理论强调在目标管理过程中研究目标的重要性，以及通过科学的目标来激发人的动机，指导人的行为，使个人的需要与集体目标挂钩，从而实现有效的管理。因此，目标管理也称“管理中的管理”。它广泛应用于企业管理领域，同样也适用于大学班级管理。例如，大多数学生在进入大学之初，都希望在大学里一展才能，把十年寒窗积累下来的能量作一次绚烂的释放。而部分高校学生管理者不重视班级目标的制定，普遍认为大学生已经逐渐走向成熟，具备了独立判断问题和处理问题的能力，应该给他们更多的空间，从而忽视了对他们能力的进一步激发和提升。班级目标管理可以针对高校学生的个性特点、兴趣爱好以及能力，满足他们的进取心，让他们充分发挥各自的特长，培养和锻炼他们的能力。目标管理应用于班级管理具有统一行动、激励群众、协调关系等功能，充分调动学生的积极性、主动性和创造性，从而使班级管理更加规范和科学。

制定班级目标时一定要切合实际，要班级同学共同参与、共同制定，满足大众要求。根据班级同学的实际情况，制定切实可行的班级学年目标、大学四年总目标。同时，班级目标要明确，以便量化考核。具体可以参考目标管理制定的 SMART 原则：S 是指要具体明确，尽可能量化为具体数据；M 是指可测量的，要把目标转化为指标，指标可以按照一定标准进行评价；A 是指可达成的，保证目标是可以达成的；R 是指合理的，各项目标之间有关联，相互支持，符合实际；T 是指有完成时间期限，要订出明确的完成时间，便于监控评价。

（五）项目管理理论

项目管理理论是起源于第二次世界大战，发展于 20 世纪后 30 年的一种先进的管理理论。它以具体项目的管理为研究对象，通过定性、定量相结合的方法，将一些先进的管理理念和手段引入日常的项目管理中，极大地提高了项目管理的效率。项目管理理论作为一门学科，具有成熟的理论基础和方法体系，已经在许多实际的项目管理过程中发挥了重要的作用。

项目管理理论包括项目综合管理、项目范围管理、项目时间管理、项目费用管理、项目质量管理、项目人力资源管理、项目沟通管理、项目风险管理和项目采购管理等九大领域。传统的项目管理论著着眼于这九大领域来讲解项目管理，却忽视了一项基础性工作——量化管理。缺乏量化管理，项目管理只能处于一种“混沌”状态。以 IT 项目为例，据称只有 26％的

IT 项目成功地实现了范围、时间和成本目标，剩余的 74%都有不同程度的失败。而如果采用量化管理，项目管理的全过程就会变得“可视化”，发现问题也可以“让数字说话”。

在大学班级管理中，项目管理理论也被广泛运用。例如，当学校下发通知文件时，班级就要在时间、人员、预算和活动质量等要求下开展活动。针对这样一个项目，首先，班级管理者要在熟悉文件、确定目标的基础上结合实际情况策划项目并拟定项目总体方案；其次，根据时间分解工作步骤，控制进度；再次，根据班级人员情况合理安排任务，在开展过程中对每个步骤进行实时监控与改进；最后，根据文件要求向学校提交相关内容，做好总结和反馈工作。

（六）司肖理论

司肖理论正式发轫于 20 世纪四五十年代的美国。在此期间，美国先后有三家企业采用司肖理论设计，他们分别是 CBS 公司、IBM 公司和西屋电器公司，其中以 IBM 公司的标志设计最为著名。因此，有人将当时 IBM 公司导入司肖理论计划视为司肖理论创立的标志。

司肖（Corporate Identity System，CIS）意思是“企业的统一化系统”“企业的自我同一化系统”“企业识别系统”。司肖理论把企业形象作为一个整体进行建设和发展，一个好的“司肖”将成为协助企业长期开拓市场的利器。

企业识别系统基本上由三者构成：一是企业的理念识别（mind identity，简称 MI），二是企业行为识别（behavior identity，简称 BI），三是企业视觉识别（visual identity，简称 VI）。

企业的理念识别一般包括企业的经营信条、企业精神、座右铭、企业风格、经营战略策略、厂歌、员工的价值观等。企业的行为识别包括对内和对外两部分。对内包括对干部的教育、员工的教育（如服务态度、接待技巧、服务水准、工作精神等）、生产福利、工作环境、生产效益、废气物处理、公害对策、研究发展等，对外包括市场调查、产品开发公共关系、促销活动、流通政策、银行关系、股市对策、公益性、文化性活动等。企业的视觉识别一般包括基本设计、关系应用、辅助应用三个部分。基本设计包括企业名称、品牌标志、标准字、标准色、企业造型、企业象征图案、企业宣传标语、口号、吉祥物等，关系应用包括办公器具、设备、招牌、标识牌、旗帜、建筑外观、橱窗、衣着制服、交通工具、包装用品、广告传播、展示、陈列等，辅助应用包括样本使用法、物样使用规格及其他附加使用等。

大学班级管理的对象是大学生，大学生对于新生事物特别感兴趣，能够接收新的教育理念，愿意制定新的“游戏规则”并积极参与“游戏”。在大学班级管理中运用司肖理论，有利于调动大学生的积极性和创造性，是以开拓和创造未来为目标的思想政治教育价值观的具体体现，有利于创建先进班集体，更加高效地树立班级先进品牌形象。

班级形象是指全体班级成员、整个院系师生心目中对班级的整体印象和评价，是班级集体理念行为和班级成员个性特征在公众心目中的客观反映。运用司肖理论，以班级理念形象为指导，通过班级的实际行动，创建班级视觉形象，全方位传播班级信息。公众可以在班级的群体性活动当中，以多种渠道、多个角度、不同方式、不同形式获得班级信息，而各种班级信息的共同性和互补性有利于班级立体形象的树立。

班级创建理念形象（MI）包括概括班级精神，制定班级口号、班级目标等。

班级创建行为形象（BI）包括建立并健全班级各项管理制度（日常行为规范、评优制度、班费管理制度、班务公开制度、班委责任制度、民主评议制度等），建立沟通交流的互动平台（QQ群、微信群、班级网站等），开展具有班级或专业特色的系列活动。

班级创建视觉形象（VI）包括制定统一的班歌、班旗、班徽等。公众通过班级的视觉符号系统最直观地读取班级的形象，因此要注意班级的视觉符号系统与班级的发展理念、班级活动的内在一致性，并尽力设计出易被大众所接受的班级视觉符号。如下图所示某大学某年级营销2班的班级标志则富有创意且很好地展示了该班级的形象：

绿色的字母M和数字2代表班级名称——市场营销2班；单词ME“我（宾格）”和倒影WE“我们”象征班级的每个成员都是班级的一员，每个人的言行都以班级理念来指导，是班级理念的影子；数字1代表“第一”，英文单词I“我（主格）”，象征班级团结协作、积极进取的健康形象，也象征班级与成员共同进步、和谐发展的理念；标准色绿色（字母M和数字2为绿色）代表班级盎然的生命力，蓝色（字母E、等号和字母I为蓝色）代表天空，给

班级和成员创新、发展的无限空间。

（七）人本管理理论

人本管理是在人类技术不断进步、企业竞争日趋激烈的情况下，在总结优秀的管理理论及实践经验（包括我国传统的人本思想）的基础上，在结合了行为科学、组织文化、创新管理等相关理论的基础上，在认识到人的知识及管理日显重要、人是组织中最重要的资源和财富的前提下所形成的管理思想体系。

人本管理理论最终得以确立，要归功于两个人，一是现代组织理论的奠基人彻斯特·巴纳德，二是人本主义心理学之父亚伯拉罕·H. 马斯洛。德鲁克的人本管理思想就深受这两人的影响。巴纳德建立了现代组织理论，首先将组织视为“人的组织”，将组织定义为人的活动关系系统。[①] 马斯洛从人的心理需求出发，提出自我实现的概念，认为要让工作本身满足人们自我实现的需要，进而激发人的创造力。所谓“人本管理”，就是把人放在第一位，肯定人的主体地位，以人为核心，尊重人，关心人，塑造人。人本管理理论在清楚认识人在组织中的作用的基础上，突出人在管理中的主体地位，实现以人为中心的管理，即以人的管理为核心，以激励人的行为和调动人的积极性为根本，组织员工主动、积极、创造性地完成任务，从而实现组织的高效益目标。[②]

---

① 代芳芳：大学班级管理研究——基于高度参与式管理模式［D］，江西师范大学（硕士论文），2010 年。

② 邱庆剑、黄雪丽：改变世界的管理方法［M］，北京：中国经济出版社，2004 年，第 47 页。

大学，因学生而办，也为学生而办。因此，大学班级管理应该以学生为中心，以学生为主体，一切为学生而发展，发展为了学生的一切。学生应该成为大学班级发展的动力源泉。一切为了学生，一切也都依靠学生。班级管理者要认识到学生需要什么，什么对学生有利，考虑问题的时候要以学生为出发点，为学生的切身利益着想，一切工作最终也要以学生为落脚点。当代大学生个性强烈、追求自我、自控力差、集体意识淡薄、独立性强、创造性强。总的来说，当代大学生特点鲜明，有优点也有缺点。基于这种现状，大学班级管理者在做学生工作时要根据学生的特点制定相应的以人为本的措施。具体有以下几点要求：一是以人为本管理要体现民主；二是以人为本管理要给同学们展示和发挥的空间；三是以人为本管理不仅要看结果，也要看过程；四是以人为本管理要以学生为出发点和落脚点；五是以人为本管理要正确对待学生的个性需求。

（八）授权理论

近年来，越来越多的学者将管理学理论特别是组织行为学理论迁移至大学班级管理中，这成为一种探索大学班级管理模式的创新思路。授权理论便是其中一种理论。

授权，即授予权力。权力是组织内部由组织机构及职位所决定的正式职权，通过其对组织中的人、信息和资源进行控制。权力被主体授予客体，使客体获得对环境的影响和控制能力，这个过程就是授权。组织管理中的授权是管理者以人为对象，将完成某项工作所必需的权力授予下属人员，也就是管理者将人员安排、组织协调、对外交涉等决策权授予下属人员，并且被授权的下属人员应承担该项工作的相关责任。授权能够帮助组织成员克服传统层级结构所形成的消极心理，使组织成员主动参与组织的管理和决策，提高工作效率，更加积极地开展工作创新和团队合作，因而组织成员对工作的满意度也得以提升。

大学班级是一个以实现大学生健康发展为目标，用班级纪律来维系的组织。作为班级最高管理者的辅导员和班主任如果能够向作为班级基层管理者的班干部授予部分管理权力，则不但能减轻辅导员和班主任的班级管理工作负担，而且能够提高班干部的工作积极性，提高班级学生的满意度。

## 二、国内相关理论

国内有关班级管理的著作已有几十部，如郭毅教授的《班级管理学》，檀传宝教授的《德育与班级管理》，钟启泉教授主编的《班级管理》，屠大华教授的《现代班级教育管理》，林冬桂、张东、黄玉华教授编著的《班级教育管理学》等。这些研究一般都以教育学理论为依据，以德育为主线，论述班主任和班级工作，形成一种全新的班级管理理论，为我国的班级管理实践提供了理论支持。随着理论与实践的结合，在班级管理中出现了科学管理、教师管理、民主管理、自主管理等管理理念与模式，班级管理由过去的“专制式”“放任式”管理向民主管理过渡，开始注意发挥学生自我管理的功能。

过去的班级管理研究主要集中于中小学，随着大学班级管理的重要性日益凸显，人们开始把视线投向大学班级管理。但关于大学班级管理的著作还是很少，最近关于大学班级管理的著作主要有钟晓龙的《大学班级自我管理的实践》。钟晓龙以自主管理这个新的视角来分析大学班级管理，丰富了大学班级管理的方法。其内在逻辑是，从班级自我管理的角度，以班级为平台，以班级愿景、目标为出发点，以柔性管理理念为指导，以高质量文化渗透为目的，以班级活动为载体，通过班委会的领导，充分利用班级内部协调机制而开展的一系列班级管理活动，并以北京信息科技大学经济管理学院 05531 班的实践案例为论证支撑，将理论和实践相结合，对探索大学班级管理有较大的参考价值。

还有一部分学者针对高等教育大众化、高校后勤社会化和学分制背景对大学班级管理展开研究。这些学者提出的班级管理和建设新模式，主要特点是将班级管理功能与公寓管理结合，利用网络进行班级成员管理，按专业对班级学生实行分组管理，引入企业管理模式，按教学需要实行导师制，按教学需要重构课程班级等。如李新红和宋立平在《大学生管理工作研究》中提出，要切实加强学生管理，探索班级建设的新途径、新方法和新手段；浙江工业大学宣勇指出，面对高等学校多样化的教育要求，要打破传统教学模式下学生组织的框架；余志强设想构建从班级组建、发展到成熟这一成熟度级别逐步提升改进的模型；基于高校传统班级管理方式面临的困境和网络时代新技术的特点，朱炜提出以网络“同学录”为班级建设新平台的构想；代芳芳等认为要用高度参与式模式加强对班级的管理等。

综上，笔者认为大学班级管理应从小处、从实处着手，尽量避免大而空的泛泛而谈，多关注“大学班级管理的具体路径”这样具有实践意义的命题。科学实用、通俗易懂、简单易操作是大学班级管理理论的主要原则，这样才能不断完善并加以推广，最终不断丰富大学班级管理的内涵和外延。

## 第三节　大学班级管理目标

### 一、当前大学班级管理存在的主要问题

学生是学校的主体，学生管理是学校管理的核心之一。班级是大学进行教学、组织各种活动的基本单位，但大学班级管理总是不尽如人意，参考江西师范大学代芳芳的《大学班级管理现状调查》，主要存在如下问题：

1. 缺乏统一的班级管理理念。大学班级管理者在管理班级的时候缺乏统一的管理理念，不同的管理者对班级管理的看法和认识不同，采取的管理方式和管理方法也不同。有的强调严格管理，使用管理中学生的方式管理大学生；有的采用比较宽松的管理方式，强调大学生的自我管理；有的介于两者之间。这些管理方式都没有结合大学生的特点来管理班级，更没有体现出高校的教育理念，是以管理者的自我理解为出发点的班级管理模式。

2. “管理”有余，“引导”不足。大学班级管理者习惯于用行政命令的方式来管理班级事务，侧重于“管理”，而忽视了“引导”。实际上，在大学班级管理中，“引导”要求理顺班级中各种人际关系，讲清道理，很多时候都比严格的“管理”更有效。

3. 班级管理趋于例行化和表面化。班级管理工作内容庞杂，使辅导员或班主任疲于应付，很难对学生的学习兴趣、素质拓展、思想动态等进行关注和研究，从而使管理趋于例行化和表面化，影响了学生综合素质的全面提升。

4. 缺少丰富的班级活动。班级作为学生教育的主阵地应该为学生提供有趣、有意义的活动，这些对学生的成长很重要。班级能否为学生提供有吸引力的活动也影响着学生对班级的感受和评价。大学生对各类社团活动往往是寄予厚望的，但需求如果得不到满足，其结果往往是大学生对班级失去兴趣和期望。据调查，随着互联网的发展，班级线下活动开展较少，创新性的活动则更少。

5. 缺乏规范的班级管理制度。班级的规章制度分为两种：成文的制度和非成文的制度。成文的制度包括学校的各项规章制度和班级自行制定的管理制度等。这些规章制度一方面调节团体和个人的行为，保证共同活动目标的实现；另一方面也维护个人在团体中的权益，使个体获得发展。在成文的班级制度中，有一种管理方式是要引起注意的，即辅导员或班主任按照学校的要求，直接或间接地通过班干部，借助一定的规章制度去约束学生。这种方式导致辅导员或教师只关心如何矫正学生表现出来的形形色色的错误行为与利己意识，学生只关心如何表面地、形式地维护规章制度，班干部只从事监督的活动，监督同学不违纪、不犯错。这种方式把集体和个人对立起来，使学生的主动性、积极性以及情感、态度、兴趣等被群体所要求的整齐扭曲，不利于学生的发展。班级中非成文的制度主要指班级的传统、舆论、风气、习惯等，是班级中约定俗成的规范。由于多数的学生认为班级的制度不是由班级学生共同讨论制定的，大家也不会根据班级情况的变化修订这些制度，从而导致规范全班学生行为的班级制度在某种程度上形同虚设。

班级的制度建设对班级建设至关重要，是大学生学会适应社会集体生活，实现自我管理、自我教育、自我服务的重要途径。但目前多数大学的班级制度建设较为落后，部分制度没有真正反映广大学生的诉求，对学生身心发展造成负面影响。

## 二、大学班级管理的目标

综合文献理论，借鉴、吸取陈海岩《新时期高等学校班级建设研究》的学术成果，根据大学班级管理定义，要建设一个先进的班级，要朝以下“六有”目标努力。

1. 有明确的共同奋斗目标

明确的奋斗目标能将人的需要变成动机，从而推动行为，使人按目标的要求控制、修正自己的行为方向，同时给人以力量去克服困难，排除障碍，最后一步步达到目标。一个共同的奋斗目标可使群体具有集体的特性，使群体产生凝聚作用，增强集体的向心力。由此可见，共同的奋斗目标是班级形成的基本条件，有了它，班级就有了前进的方向和动力。共同的奋斗目标必须反映时代的要求，又能被全班学生所接受。

2. 有一个团结而又富有权威的领导核心

班级管理者必须选拔一批团结在自己周围的优秀学生干部，他们是集体的核心力量和支柱，是共同奋斗目标的积极实践者，是全班学生的带动力量，是辅导员、班主任老师的得力助手。一个先进的班级离不开坚强的核心。这个核心包括党支部、团支部、班委会三支力量，必须具有凝聚力和号召力，必须由以身作则、热情、有责任心和一定组织管理能力的同学组成。这个核心的成员相互协调和配合，带领全班同学积极响应学校的各项号召，沟通、协调与教师的关系，并服务于全班同学。

3. 有勤奋刻苦、勇于进取、蓬勃向上的学习风气

学风是指学校师生在教学活动中表现出来的精神状态和工作方法。大学生的基本任务是学习，一个先进的班级内部必然洋溢着浓厚的学习气氛。学风是班风的集中反映，是校园文化的重要体现。学风是学生在校学习生活过程所体现出来的精神面貌，是学生在校园中经过长期教育和影响逐步形成的行为风尚，是学生学习目的、学习态度、学习纪律的综合反映。优良的学风包括正确的学习目的、巨大的学习动力、端正的治学态度及良好的学习方法。一所高校真正形成了勤奋、严谨、求实、进取的优良学风，就会对生活在这个环境中的每位学生产生潜移默化的影响，使学生受到春风化雨般的熏陶。这种影响和熏陶，对于提高教育质量、促进人才培养具有直接推动作用。

4. 有正确的集体舆论和良好班风

集体舆论是在集体中占优势的、为多数人所赞同的言论，是集体成员间通过信息沟通所产生的一种共鸣，一种群众性的心理现象。在学校班级中，集体舆论是教师和班级干部了解班级成员思想、情绪的重要渠道。正确的集体舆论是学生进行道德评价、自我教育的重要手段。正确的集体舆论是个人和集体发展的巨大教育力量，对学生的言行有极大的约束力，对巩固

班级建设成果发挥着举足轻重的作用。培养正确的集体舆论，班级管理者做工作才能取得主动权，才能事半功倍；否则就会给班级管理工作造成很大的困难。所以，正确的集体舆论的形成是优秀班集体的重要标志之一。

班风是指一个班级的作风，是班级中大多数成员的思想觉悟、道德品质、意志感情、精神状态的一种共同表现倾向。班风发端于舆论的形成。一个班集体的舆论持久地发生作用，就会形成这个班的班风。当然班风的形成同样需要班级管理者较长时间的教育和培养。优良的班风是一种无形的教育力量，可以潜移默化地影响全班学生的思想和行为，对巩固和发展班集体起着重要的作用。一个班级的某种作风形成之后在几届学生中得以保持，就会成为传统。优良的传统是宝贵的财富，不仅是一种巨大的教育力量，对集体的形成和巩固起积极作用，而且会产生辐射作用，产生更大范围的影响。班风、传统和舆论是密切联系相互影响的。优良的班风和传统要依靠正确的集体舆论来支持，而优良的班风和传统一旦形成，本身就是强大的正确的集体舆论。

5. 有健全的组织和严格的规章制度

一个班必须有健全的组织，才能在全班学生中发挥其核心功能。健全的组织必须结构完善，职责分工明确，核心人物有能力、讲民主，事事有人管、件件有交代，既分工又合作，有共同遵守的行为准则。由此，班级便形成了有人负责、有章可循的集体模式。先进班级中的成员必须具有高度的组织性、纪律性，能做到“五讲四美”，这样每个同学都能在健康、文明的学习、生活环境中茁壮成长。

班级规章制度是班级为了共同的奋斗目标而制定的规划、法规，它是按一定程序办事的规程，也是这个集体每个成员必须遵守的行为准则。为了管理的需要、教育的需要、形成良好班风的需要，班级必须从实际出发，结合校规、校纪，经过全班学生共同讨论制定出切实可行的规章制度，并要求学生严格遵守执行。

6. 有一大批具有重要影响力的学生骨干

一个优秀的班级，必然有一批优秀的学生骨干。有人说，兵熊熊一个，将熊熊一窝，这句话形象地说明了学生骨干的作用和影响。考量一个班级优秀、成功与否的一个重要指标是这个班级涌现了多少优秀骨干。根据实践结果来看，但凡是优秀的班集体，都会涌现一大批具有重要影响力的班干部。这也恰恰说明，优秀的班集体具有很强大的育人功能。

综上所述，发挥目标在班级建设中的导向作用、班级管理者在班级中的核心作用、学风在班级建设中的熏陶作用、集体舆论在班级建设中的灵魂作用、组织制度在班级建设中的骨架作用、精神风貌在班级中的号召引导作用，一个有机的、优秀的班级逐渐形成，班级管理可谓成功。①

---

① 陈海岩：新时期高等学校班级建设研究 [D]，华中师范大学（硕士论文），2008 年。

# 第二章　班委会建设

班委会是大学班级管理的基层组织，是连接学校、教师、学生的桥梁与纽带，在大学生思想政治教育中发挥着重要作用。如何建设一个负责、高效、优秀的班委会是本章讨论的重点。

## 第一节　班委会的组织建构

### 一、班委会的性质与作用

学校以教学班为单位成立班级委员会。班级委员会简称班委会，是学校行政机构在学生中的基层组织，是班集体意志和利益的忠实代表。班委会在校、院（系）党委的领导下，在思想政治辅导员、班主任（班导师）的具体指导下，从事班级学习、生活、卫生、文体、安全等行政管理工作，配合班级党支部、班级团支部做好学生的日常思想政治工作，协助学校有关部门做好入学教育、课堂学习、时政学习、评比表彰、社会实践、毕业就业等工作，精心做好班级建设管理，团结、带领同学“德、智、体、美、劳”全面发展，成为有理想、有道德、有文化、有纪律的社会主义建设人才。班委会是学生的基层组织，班委来源于学生，服务学生，在工作过程中接受班级学生的监督，班级学生对班委工作有知情权和监督权。

根据教育部《普通高等学校学生管理规定》《高等学校学生行为准则》及相关学生管理的规章制度，班级是学生自我管理、学习、生活、工作最基层的单位，是学校加强和改进大学生思想政治教育、加强校风学风建设、提高学生综合素质的重要阵地。而班委会来自班级同学，既是班级的管理者，也是班级的代言人和民意代表，他们对学生有更深的了解，制定措施也容易站在学生的角度考虑，能够切实满足学生的需求，起到教师和同学之间的桥梁纽带作用，是做好大学生自我管理、自我教育、自我服务工作的中坚力量。

## 二、班委会的组织构成

班委会是班级自我管理、自我教育、自我服务、自我发展的组织机构。班委会一般由班长、副班长、学习委员、生活委员、文体委员、信息委员、心理委员、监察委员、宿舍长以及其他若干委员构成。这些班委一般由班级选举产生，个别重要职位如班长也可能由辅导员、班主任（班导师）任命。班委具体构成和数量均根据每个班级实际情况决定，部分班委可以由其他班委兼任。班委总数量一般为班级总人数（自然班级是学校根据学生入学时所属院系、专业及人数划分的单元集体。自然班级要求生源分布广泛合理。一般文科班级人数为40人左右，理工科班级人数在30人左右。）的20%—25%较为合理，根据团队管理的有效性原则，班委会的组成人数一般不宜超过12人（寝室长可单列），这样更好协调和安排班级任务。

### 三、班委会的主要职责

1. 班委会要定期总结班级工作，制定班级工作计划。经常分析、汇报全班同学的思想、学习、生活等方面的情况。每学期初向所在院（系）递交上学期工作总结和新学期工作计划。

2. 督促全班同学自觉遵守校规校纪，认真组织同学学习时事政治和专业知识，积极参加社会实践活动，培养团结、勤奋、求实、创新和讲文明、懂礼貌、守纪律的班风。

3. 班委会成员要严于律己，以身作则，发挥模范带头作用，树立为同学服务的思想，做同学的知心朋友，尊重、了解、关心同学。

4. 班委会成员对工作要主动担当，团结合作，互相支持，互相帮助，互相谅解。大事讲原则、小事讲风格，出现矛盾要积极开展谈心活动，通过批评和自我批评解决矛盾，班长要主动做好组织协调工作。

5. 积极开展思想政治教育工作，加强班级精神文明建设。继承和发扬党的优良传统，激发同学积极向上的热情，学先进、做好事。及时表扬先进个人和好人好事，倡导互帮互学，团结带领全班同学为班集体、为学校争取荣誉。按院（系）和学生管理部门的部署安排，做好学期（年）总结、评比表彰、毕业鉴定等工作。

6. 营造实事求是、刻苦勤奋、民主团结、勇于进取的学风，努力钻研业务，掌握过硬的专业技能。开展学习经验交流和学习竞赛活动，圆满完成学习任务。

7. 加强班级文化建设，配合团支部利用业余时间积极开展丰富多彩的文化体育、志愿服务、社会实践等第二课堂活动。

8. 开展班级家庭经济困难学生的资助和帮扶工作。了解、掌握班级同学家庭经济状况，做好班级经济困难学生的认定和各级各类奖助学金的评比和推荐工作。

9. 带领同学积极参加劳动，培养劳动观念。坚持宿舍卫生值日制度，并组织好周末、重大节日、卫生检查等的大扫除活动。班委会要关心帮助同学提高自理能力，解决生活中的实际问题。

10. 班委会要经常关注班级同学的心理健康问题，倡导爱心互助，积极开展深入细致的朋辈辅导和解困工作。

11. 班委会要协助学校做好安全保卫工作，教育同学自觉遵守国家法律、法规和学校的规章制度，确保班级同学的人身和财产安全。

12. 班委会在决定重要事情时应执行民主集中制，以少数服从多数为原则，当班级同学意见分歧较大时，要及时通过辅导员、班主任（班导师）做好协调工作。

13. 班委会要配合班级党支部做好班级党建工作。

14. 班委会要配合班级团支部做好班级团建工作。

## 第二节　班委工作分工

### 一、班委的职位及工作职责

以下列出了较为全面的班委的职位及职责，在实际操作中，可依班级实际人数适当增减职位，确保精干高效。

（一）班长工作职责

班长是全班同学的领头羊，肩负着带动全班同学发展进步的重要责任，必须起到表率作用。具体职责详见本书第三章，此处不多赘述。

（二）副班长工作职责

1. 协同学习委员着重抓好班级学风建设。

2. 协助班长、团支书和党支部书记完成各项工作。

3. 班长因故缺位时可以代替班长履行职责。

4. 收集班级同学的意见和建议，负责各项活动的安全以及过程监督工作。

5. 建立、更新班级相关数据库。

（三）学习委员工作职责

1. 在学习方面，学习委员自身应起到标兵作用，努力提高自身综合素质。

2. 制定班级学习计划，为班级同学收集并印发各科学习资料。

3. 督促班级同学及时完成作业，协助任课老师收发作业，并向任课老师汇报作业完成情况。

4. 收集各类职业资格证书考试信息，为同学们各种考级取证做好组织、报名、复习等服务工作。

5. 负责班级课堂及晚自习考勤，及时掌握迟到、早退、缺席者的名单，每周向辅导员、班导师（班主任）口头、书面汇报上一周班级出勤情况。

6. 向任课教师反映同学们学习时遇到的困难，向同学们传达任课教师的回复。

7. 在特殊情况下，如老师生病或上课地点改动等，学习委员应起到联络员的作用，及时向辅导员、班导师（班主任）汇报并灵活处理而又不失原则。

8. 努力营造班级的学习、学术氛围，组织开展有利于提高同学学习能力、专业能力、英语能力的各项活动。

9. 配合班长组织参加各种学术讲座，组织班级内部的学习交流活动。

10. 在半期考及期末考后及时分析班级考试情况，并向辅导班导师（班主任）提交总结，在班会上对成绩突出者给予表扬，对成绩落后者进行思想引导并提供帮助。

11. 完成班委会交代的其他工作任务。

（四）文体委员工作职责

1. 起草文体工作的学期工作计划、总结及相关文件。

2. 主动了解全班同学的兴趣爱好、特长，及时发现文体人才。

3. 组建班级各类体育和文艺队伍，完成学校、院系学生会文化部和体育部交办的工作。

4. 组织班级内部各项文体活动，增强同学身体素质，陶冶同学情操，增强班集体的凝聚力。

5. 鼓励同学参加各项文娱活动，调动同学的积极性，塑造班级特色文化。

6. 协助其他班委做好班级建设工作。

（五）生活委员工作职责

1. 定期收集班费、活动费等各项集体费用，拟定班费收支、报销管理制度，做好班级财务的专项管理工作。

2. 定期向班级同学汇报班费使用情况，每月整理班费收支情况，并通过班级宣传栏进行公布。

3. 配合班委做好本班的经济困难学生认定工作，建立档案，协助班级同学办理助学贷款，做好班级勤工助学工作。

4. 组织做好各项活动的后勤保障工作，特别是各级各类文体活动的后勤保障工作。

5. 协调班级各宿舍长做好宿舍内务管理和宿舍文化建设工作。

6. 做好生活信息的及时传达工作，及时通知同学领取信件、报纸刊物等。

7. 负责购买和保管班级公共财物，如有损坏或遗失应及时向班级同学说明。

8. 通过网络平台、班级宣传栏及时宣传宿舍安全、个人安全等生活常识。

9. 协助其他班委做好班级建设工作。

（六）心理委员工作职责

1. 宣传普及大学生心理知识，传播心理健康理念，定期开展有关心理健康的宣传活动，并作好相应的总结和记录，促进本班同学心理素质的提高。

2. 宣传介绍学校、院系心理健康教育工作的进展和心理援助设施的建设。

3. 负责收集本班同学的心理健康信息，定期向班主任（班导师）、辅导员汇报本班同学的心理健康状况。

4. 努力学习相关的心理与医学知识，提高心理健康认知水平，用相关知识帮助同学，用乐观心态引导同学。

5. 加强与其他班干部尤其是宿舍长的联系，及时发现问题，积极帮助有心理困惑和烦恼的同学。当发现个别同学有心理问题时，要及时报告主管教师，并劝说其尽快到相关心理辅导、心理医疗机构寻求帮助。

6. 工作遵循保密原则，维护同学的权益，不得随意泄露同学的隐私。

7. 协助心理专业老师上好心理健康教育课，做好班级心理普查工作。

8. 配合学校、院系开展心理健康教育工作，积极参加各种心理讲座、心理委员培训、专题学习和交流活动，不断提高自己的工作能力。

9. 协助其他班委做好班级建设工作。

（七）监察委员工作职责

1. 负责班级的德育、综合测评工作。

2. 代表普通同学的权益，对所有班委的工作进行监督和考核，可以不经过班长直接向上一级（辅导员、班主任、班导师）反映班级工作开展及班委表现情况，在必要时有权向辅导员提出重新组建班委会的建议。

3. 定期进行班委工作问卷调查和民意调查。

4. 负责公开班级成员德育加分情况，做好加减分项目的审查工作。

5. 及时指出班委工作出现的失误或偏差，提出相关建设性意见。

6. 自觉接受班级普通同学的检查和监督，并定期在班会上做监察班委会工作的汇报，让普通同学了解班委会工作动态。

7. 协助其他班委做好班级建设工作。

（八）信息委员工作职责

信息创造价值，班级的进步很大程度上取决于班级的信息素养，班级的信息委员只有具备及时获取信息、把握动态、分享知识、解决问题的能力，才能更好地抓住机遇，让班级迅速适应新形势的需要，才能充分发挥班级同学的才华，实现集体的追求与价值。班级信息委员的具体职责如下：

1. 负责传达学校、院系相关通知，保证同学们能第一时间收到。

2. 采集并及时更新班级同学基本信息，建立班级数据库，并采取一定的保密措施防止信息泄露。

3. 构建班级信息交流平台，可建立班级 QQ 群、微信群等。

4. 收集各类考证、竞赛以及各类讲座的相关信息，及时传达给班级同学。

5. 收集就业、考研、考公务员的相关信息，进行筛选分析后传达给班级同学。

6. 关注班级成员动态，提醒同学注意网络安全，文明上网。

7. 组织开展有利于提高班级同学信息技术水平的相关活动或培训。

8. 负责班级档案的建立与完善工作。

9. 协助其他班委做好班级建设工作。

（九）宿舍（寝室）长工作职责

1. 负责寝室卫生的安排工作，做好寝室内部卫生。

2. 关注宿舍同学动态，发现异常现象时及时向班长、辅导员、班主任（班导师）汇报。

3. 不定期召开宿舍会议并邀请其他宿舍人员或辅导员、班主任（班导师）参加旁听。

4. 配合其他班委的工作，督促宿舍成员按时完成学习任务。

5. 及时传达上级的各项通知文件，保障信息的畅通。

6. 节假日放假前配合班长做好寝室成员去向登记及返校情况反馈工作。

7. 团结宿舍成员，不定期组织宿舍文体活动。

8. 做好舍费管理工作，做到支出有度、公正公开。

9. 努力创建优秀宿舍文化与文明宿舍。

10. 协助其他班委做好班级建设工作。

## 二、班委会工作注意事项

班委会是连接学生与教师、学校之间的桥梁纽带。刚开始组建班委会时，应注意以下几点：

1. 班委会组建初期，要学会用团队建设的方法，增强团队的凝聚力。一起度过的有效时间、彼此沟通的深入程度、团队的角色扮演等因素都会影响凝聚力的形成。

2. 要明确组建班委会的目的是创建优秀的班集体和锻炼学生的综合能力。

3. 班委的竞选要公平、公正、公开，打破“终身制”，要鼓励同学积极参加竞选。

4. 若班级情况允许，可以尝试采取由班委会、团支部、党支部组成的班级“三驾马车”带动和竞争管理模式。

5. 班委要团结同学，热爱集体，追求上进；班委之间要分工明确，又要相互合作，不能相互推卸责任，要增强团队意识。

6. 班委会要形成一种自我反省和他人互评的机制，认真对待班级工作，时刻端正自己的态度。

7. 班委要明确自己的职责是服务同学，一切工作要以班级为出发点，力争为同学谋福利，求发展。在工作中注重活动的趣味性与可行性，保持班级成员的活动热情。

8. 班委在工作中要协调好各个同学的意见，开诚布公，晓之以理，动之以情，最终使班级同学达成共识。这样班级同学才会团结一致，班委才能够做好各项工作。

# 第三节　班委工作监督与考核激励

## 一、班委工作监督体系

加强班委工作监督体系主要从制定班委宣言，设立投诉电话、意见箱，开展问卷调查以及提供网站留言等几个方面着手。另外，还要发挥好班级监察委员的检查监督作用。

每届班委上任前可以拟定一份班委宣言书，由各班委签署后公示在生活区以及班级宣传栏等学生经常能看到的地方，这不仅可以有效约束每个班委，还可以使班委会在班级学生面前树立良好的正面形象，起到宣传班级的作用。

投诉电话一般为班级的辅导员或班主任（班导师）的电话。每个班级都有指定的辅导员或班主任（班导师）进行管理，一般而言班委会也是在该教师的指导下开展工作，所以班级学生投诉班委，或者遇到其他困难，都可以直接联系该教师，向其反映真实情况。

问卷调查是指班委定期做班级问卷调查，这种无记名的问卷调查不但可以得到较为真实的意见，更可以得到很多学生的建议，是一种成本低、效率高、效果好的意见搜集方法。

网站留言是比较便捷的方法。目前大多数大学生都配备了手机、电脑，上网十分方便。同学们可以在班级联系群中对班委工作提出自己的看法。如果班级搭建了自己的网站，也可以开辟一个类似论坛的板块以供在线留言。

班级监察委员是维护广大学生权益、检查与监督班委会工作的重要力量。班级监察委员可以通过问卷调查、访谈调查等方式收集民意，对班委会工作提出改进意见，保障班委会的良好运作。

班级同学可以通过以上方式对班委会进行监督。若对班委工作存在意见或不满应通过正当合理的方式来表达，在尊重的基础上进行有效、良好的沟通，开诚布公，坦诚以待，共创美好。

## 二、优秀班委激励与考核体系

在班级管理中，班委工作比较繁杂辛苦，它不同于社会劳动有物质报酬，除个别院校及班级可能设立优秀班委奖金外，大部分学校对班委是没有物质奖励的。在这种情况下，精神奖励变得尤为重要。精神奖励是指荣誉类奖励，如颁发奖状证书。颁发奖状证书不但有利于激励在职班委做好工作，也可以激励其他学生争取成为班委，并通过努力获得这一荣誉。凡事过犹不及，颁发奖状证书需要注意不要过度，即保持一定的颁发比例。优秀班委可以一学期评比一次，也可以一学年评比一次，一般评比周期与一届班委的任期大体相同。具体颁发比例视班委实际情况决定，但一旦确定就不可随意更改名额。优秀班委一般为班委总人数的30%，也可根据具体条件而定，灵活处理。

根据目前大多数高校的做法，除了颁发奖状证书的表彰方式外，还可采用加德育分（高校对学生进行综合测评的重要组成部分）的形式来表彰优秀班委，根据不同的考核情况加不同分数的德育分。

班委考核测评标准的设立应将班委的工作情况、学习情况以及班级学生的支持度、满意度结合。可以参考德、能、勤、绩几个标准施行，也可以参考班委考核办法来施行，具体参考表2—1、表2—2。

**表2－1　班委考核标准**

| | |
|---|---|
| 德（政治思想） | 1. 坚持中国共产党的领导，拥护和积极贯彻党的路线、方针、政策。在思想上时刻保持先进性，积极向党组织靠拢。<br>2. 带头做到遵纪守法，遵守校规校纪，带头发扬社会公德，发挥先进模范作用。<br>3. 积极参加校、院系、团、班组织的各项活动。<br>4. 为人正直、助人为乐、热爱劳动、团结同学。<br>5. 生活勤俭节约，无铺张浪费现象。注意个人卫生，保持寝室整洁。 |
| 能（工作能力） | 1. 积极配合其他班委工作，为加强班级建设而不断努力。<br>2. 熟悉各自的工作，具备与现职位相适应的组织领导能力。<br>3. 具备解决问题的实际能力与创新能力。<br>4. 不断学习理论知识和政策，提高自己的理论水平。<br>5. 在各种活动中充分调动广大同学的积极性。<br>6. 具备一定的语言及文字表达能力。<br>7. 能及时传达各项信息和工作通知。 |
| 勤（工作作风） | 1. 热爱工作，尽心尽责，有良好的工作态度。<br>2. 刻苦钻研本职工作，为班级工作不断注入新思想、新活力。<br>3. 广泛了解同学的思想动态和呼声，积极为广大同学服务。<br>4. 重视上级布置的工作，并按时保质保量完成。<br>5. 准时认真地参加各项会议，并做好会议记录。有事提前向相关部门请假。<br>6. 工作中做到公平公正，无徇私舞弊现象。 |
| 绩（工作成效） | 1. 出色地完成上级布置的工作与任务，为校、院、团、班的工作建设贡献自己的力量。<br>2. 努力学习专业知识，上课认真听讲，按时完成作业，提高自己的专业水平，成绩优秀。<br>3. 班级获得校、院系综合表彰和单项表彰的情况。<br>4. 个人获校、院系荣誉证书的情况。 |

表 2－2 班委考核办法

| 考核指标 | 考核内容 |
| --- | --- |
| 工作作风与成效（40 分） | 1. 带头做到遵纪守法，遵守校规校纪，带头发扬社会公德，发挥先进模范作用。<br>2. 对于校、院系下达的信息、通知做到上传下达，出色完成各项工作与任务。<br>3. 热爱工作，尽心尽责，有良好的工作态度和奉献精神。<br>4. 团结同学，广泛了解同学的思想动态，积极为广大同学服务。<br>5. 协调配合班委的工作。<br>6. 准时认真参加各项会议，并做好会议记录。有事提前向相关部门请假。<br>7. 具备解决问题的能力与创新能力。<br>8. 班级获得校、院系表彰情况。<br>9. 个人获校、院系表彰情况。 |
| 学习成绩（30 分） | 1. 上课认真听讲，按时完成作业，没有无故迟到、旷课、早退等行为。<br>2. 努力学习专业知识，提高专业水平。<br>3. 考试无不及格现象，成绩优秀。<br>4. 获得相关资格证书的情况。 |
| 民主评议（30 分） | 1. 辅导员或班主任（班导师）的评议。<br>2. 班级同学的民主评议。<br>3. 班委互相评议。 |

# 第三章　班级火车头班长

班长是辅导员、班主任（班导师）授权的班级管理者中的灵魂人物，负责统筹安排班级各项事务、组织协调班级开展各类活动、与班级外的组织或领导进行外交联系等工作，在班级管理中起着决定性作用。因此，班长代表着一个班级的形象，是一个班级的火车头。

## 第一节　班长的作用与任职条件

### 一、班长的地位与作用

班长在班级管理中起着不可替代的作用，是一个班级的灵魂，一个班级优秀与否和班长密切相关。

第一，班长是班级进步的火车头。班长的形象、态度、能力、成绩等都是班级同学关注的焦点。是否尽职尽责，是否全心全意为班级同学服务，是否有能力做好本职工作，是否得到班级同学的认可，是否能够带领班级同学在学习等各方面站在年级前列，这些都成为考核一个班长是否称职的关键指标。

第二，班长是思想引领的风向标。大学之所以成为大学，就在于“大学之道”中所讲的“在明明德，在亲民，在止于至善”。思想引领是班长的重要职责之一，代表着自强不息、勇于超越。只有自强不息，不断向上向善突破，才能在生命的某一刻领略到天人合一的极境之美，吸引并带领班级同学追求卓越。

第三，班长是全心全意为同学服务的楷模。班长要充分认识到职务的重要性，要严格要求自己，以身作则，本着服务初心，勤恳钻研，努力工作，在班级管理工作中做出成绩。

第四，班长是上传下达、内外沟通的桥梁和纽带。班长是辅导员、班导师、班主任的得力助手，是基层建设的骨干，是联结教师与学生、学生和社会的桥梁和纽带。抓好班长队伍建设，对充分激发基层的内在动力，对保障以教育教学为中心的各项任务落到实处有着十分重要的意义。

因此，学校各单位、授课老师、辅导员、班主任（班导师）都要重视班长的培养和考察，形成人人愿当班长、人人争当班长的好风气，这将对学生的学习、思想进步，学风、校风建设起到促进作用。

## 二、班长任职条件与要求

以下列举一些班长候选人应具备的特质，具备的特质越多，越能胜任班长这个职位：

1. 独立性。思考问题具有独立性，不依赖他人做决定。

2. 合作性。行动起来具备合作精神，懂得团队合作的重要性。

3. 决断性。认准了目标，确定了方向，能够承担责任，力排众议做决定。

4. 灵活性。处理问题灵活多变，能够在双方乃至多方矛盾中找到平衡点。

5. 树立起良好形象。很难想象一个衣冠不整，天天穿背心、拖鞋开会的人会是一个不错的班长。

6. 为人正直、宽容，争权好胜会使周围的人对你敬而远之。

7. 正确的初心和使命。班长是为班级服务的，而不是为了作威作福、享受特权。

8. 创新精神。没有开拓创新精神、不思进取的人是很难做出成绩和突破的。

9. 抽象概括能力。由于需要制定发展方向和经常做总结，所以班长一定要有抽象概括能力，否则将使工作难以进行下去。

10. 持之以恒。管理班级一定会遇到困难，也会牺牲很多个人时间，如果不能坚持和专注，就不能带领班级走在前列。

11. 走群众路线。好的班长一定是贴近学生的，和学生打成一片，处处有人支持。

12. 表达与写作能力。班长的口头表达能力、公文写作能力在班级管理中非常重要。

以上特质并非全部，班长是相当具有挑战性的职位，在工作中，班长要勤学习、勤思考、勤实践、勤总结，不断提高发现问题、分析问题和解决问题的能力。同时，还要不断提高思想道德素质，在全心全意为同学服务的过程中塑造完美人格，培养综合素质。

这里再提供一些当班长的小技巧，这些是笔者通过“实战”总结出来的，与大家共同探讨。

1. 学会做笔记。任职前期，班长对整体工作不熟，琐碎的事情也比较多，一时间不一定能够妥善地分配任务，所以一定要学会做笔记。每天开会的内容，每天要做的事情，过几天才要做的事情等，都要随时随地记录下来，保证每件事情准时、保证质量、无一错漏地完成。

2. 懂得把握时局。根据不同时期学校的大方针、大政策、大活动，开展本班级的小活动，并进行相应的主题宣传，以此提高班级的知名度。

3. 时时处处思考如何实现共建共赢。如举办大型活动时尽量考虑如何通过一个活动不但提高个人的素质水平、增强班级的凝聚力，同时也扩大班级在院系和所在专业领域的影响力。

4. 处理问题时，执行不得不做的，计划可以不做的，接受无法做到的，明白这个道理，并学会区分。

5. 尽量在每个场合、每个活动中发挥每个班委的特长，让每个班委做力所能及的事情，不让任何班委有被抛弃、无事可做、自己可有可无的感觉。

6. 懂得从眼前的小事看到长远的未来，同一种方式、同一件事情，坚持做下去成为一种习惯。

7. 有取必有舍，有时为了一部分人的利益必须放弃另一部分人的利益，两全其美并不是总能发生，更多时候我们会遇到很多不完美，要保持一种良好的心态去处理问题。

8. 抓紧抓好学习。学习好不是万能的，学习不好万万不能，学生干部抓紧学习十分重要。

9. 要坚持民主集中制的决策方法。要善于听取和采纳别人的建议和意见。

10. 越细小的事情越容易出错，不要犯本可以避免的错误。

11. 学会“弹钢琴”，用到所能用到的每一根手指。

12. 学会“抱大佛”，自己把握不了的地方及时请主管教师及领导出面。

13. 有黑脸的地方就会有白脸，有白脸的地方也一定会有黑脸。有人报喜，有人报忧，恰当分配角色，会让整个舞台更加活跃。

14. 律人一定先律己，上梁不正下梁歪这个道理值得深思。

15. 作为组织的领导，要学会批评与自我批评，一定要知道自己所带领的集体出了问题，其中一定有自己的过失。

16. 会树立典型，会抓重点，明白20％与80％之间的关系与轻重。

17. 关注宿舍文化的塑造，充分发挥宿舍长的作用。

## 第二节　班长的权利与义务

### 一、班长的权利

班长的权利均针对班级管理而言，归纳起来可以分为以下几点：

1. 定期主持召开班会、班委会。

2. 对扰乱班级正常学习与生活秩序者进行教育、惩处并报送相关部门。

3. 在广泛听取意见的基础上，经过班委会讨论、班级民主表决制定各种班规班纪、工作计划，表彰学习优秀的学生和对班级有贡献的学生。

4. 在尊重民意的基础上对各班委进行职务及工作范围的分工。

5. 代表班级与外部进行沟通，如与校内各学生组织、学校各机构及校外各方面进行必要的沟通。

6. 代表班级出席各种会议、领取荣誉奖励及代表班级发言。

7. 校方所赋予的其他权利。

### 二、班长的义务

有权利就有义务，权利和义务是相对的。班长的义务一般情况下分为以下几种：

1. 保障班级正常运行。保障班级正常运行是指保证班级的课堂纪律、宿舍卫生良好，保障信息传达及时，保障班级良好的学习氛围，保障班级例行的会议、活动等正常开展。

2. 为班级同学争取更多的权益。如大学设立的奖学金、助学金、优秀学生干部评选（评奖评优系列）以及由校方安排的社会实践等，一般有名额分配，在班级表现足够优秀的情况下，可以适当向学校争取多给一些名额。

3. 鼓励同学积极争取进步并为其创造条件。班长应积极支持和鼓励班级里的同学学习知识、培养能力、增长见识，并努力为其提供帮助、创造条件。

4. 关注并处理好“三困学生”问题。“三困学生”指的是家庭经济困难学生、心理困难学生、学习困难学生。班长应及时了解这些同学的情况，帮助他们改变自己。对于家庭经济困难学生，在保密的前提下为其提供帮助，如申请助学金、寻求勤工俭学岗位等。要动用手中各种资源及力量真心帮助这些同学，使他们摆脱困难，尽快融入集体生活。

5. 协助并按照上级教师（辅导员、班主任、班导师）的要求对班级进行管理。班长来源于学生，受上级教师（辅导员、班主任、班导师）的直接领导。班长一方面要坚定地按照学校的方针政策来管理班级，另一方面要在学校管理大原则的前提下自主开展工作，“围绕中心，服务大局”，同时尽力做到“党政关注、同学急需、班长能为”。在这个过程中遇到问题可以向指导教师请教或寻求帮助，但无论如何不能脱离学校的大政方针进行管理。

6. 及时传达学校的相关文件及通知。班长需要对学校下发的通知以及文件进行准确无误的传达，并对信息的准确性、可靠性、时效性负责。

7. 定期向上级教师（辅导员、班导师、班主任）汇报班级情况。班长要对班级的发展动态（包括近期举行的活动、班级同学的思想动态、学习情况、心理情况等）进行阶段性总结，并积极主动地向上级教师（辅导员、班主任、班导师）汇报，并向上级教师（辅导员、班主任、班导师）转达班级同学的需要。

8. 以身作则，服务班级同学。班长要以身作则，怀有一颗热忱的心，全心全意服务班集体，无怨无悔做奉献，思同学之思，急同学所急。

## 第三节　班长的日常工作

### 一、班长的常规工作

班长的常规工作较为繁杂，下面以一个学期为周期向大家介绍班长的日常工作。以下工作并不一定均由班长直接负责，也可委派相关班委负责。

1. 开学伊始，指派学习委员负责组织同学到教务处领取教科书，并将书及课程表及时分派至学生手中。

2. 指派宿舍长于开学前一天负责清点到校人员，组织做好注册报到工作，联系未返校的学生并询问原因、记录在案，将全班返校情况上报主管教师。

3. 根据上一学期的综合数据，对班级表现优秀的学生及学生干部进行表彰。

4. 参考主管教师意见，依据年度计划（年度班级发展规划）制定本学期班级计划初稿。

5. 召开班委会讨论、修改学期班级（或年度）计划，召开班会经班级成员一致同意通过后，公布并按计划执行。

6. 如班委需要换届，则安排换届选举大会。

7. 指派副班长、学习委员及宿舍长加强对课堂考勤、晚自习考勤、宿舍卫生及用电安全等的检查和记录。

8. 指派信息委员及时记录班级工作情况、班级会议内容等档案材料。

9. 帮助任课教师选择学科代表。

10. 协助团支部书记、党支部书记制定学期团支部、党支部工作计划。

11. 指派组织委员做好班级返乡动态调查工作，对班级文体活动进行考察并制定计划。

12. 传达学校下发的文件通知。

13. 为学生自习、辅导等申请教室。

14. 负责整理、总结材料以参加优秀班级等评比。

15. 召开主题班会，发动学生积极参加学校组织的各种大型比赛活动，并做好相关后勤服务。

16. 指派宣传委员将班级的好人好事、先进事迹等进行宣传，并定期更新班级宣传栏等。

17. 指派生活委员对每次财务收支进行记账并保留单据，定期公布。

18. 指派学习委员调查班级学生的弱势科目，加强与弱势科目教师的联系，研究办法，制定措施，降低学生“挂科”风险。

19. 定期召开班会，定期向主管教师汇报班级总体运行情况。

20. 期末根据班委工作情况拟定班级学期工作总结，并在全班公示，及时上报主管教师。

21. 统计放假留校情况、放假学生安全回家信息，并做好假期留校学生人身及财物安全宣传工作。

22. 组织做好本学期班级同学的德育测评，做到公平、公正、公开。如有可能每个月做一次，并向全班公示，如有疑义要启动相应程序进行核实确认，向主管教师汇报最终结果。

23. 督促班级信息委员做好班级资料的整理及归档工作。

24. 做好节假日的请销假工作。

25. 做好班委的培训工作，开展综合素质拓展活动，不断加强团队建设。

26. 结合本学科的专业学习，举办班级特色活动，创先争优。

## 二、班长的其他工作

作为班长，除了要将上述常规工作做好以外，还需要做一些额外的工作，如加强对外的联系与交流合作，帮助主管教师处理日常公务，帮助任课教师了解班级同学的情况，等等。这些工作不但有利于加深班长与主管教师之间的联系，更是班长尊重领导、尊重教师的一种体现，也有助于班长提升沟通交际能力。另外，班长在平时的工作中应该有意识地培养若干个比较有发展潜力的班委，适时物色和酝酿下一届班委会人选。

# 第四章　班级团支部建设

高校团支部是团基层组织的细胞，是团组织与广大团员青年保持最直接、最广泛联系的团体，起到了战斗堡垒作用。离开了基层团支部，团的思想教育、组织建设和各个独立分支活动，特别是团的大量的经常性、基础性工作就会失去落脚点，再好的工作设想也只能是一纸空文。随着我国社会主义市场经济体制的建立和现代化建设的推进，培养和造就具有创新精神和实践能力的学生，是高等教育面临的紧迫任务。而高校基层团支部作为高校共青团工作的基础，是高等教育的重要育人基地，肩负着团结教育青年学生、努力为党输送新鲜血液、为国家培养青年建设人才的重任。因而，我们应当充分认识到团支部是班级建设的核心力量之一，是带动班级跨越式发展的重要组织，要切实发挥团支部在班级管理建设过程中的重要作用。

# 第一节　班级团支部的组织建构

## 一、班级团支部的地位和作用

团支部是共青团的最基层组织，是团的工作和活动的基本单位，是共青团团结、教育青年发挥战斗堡垒作用的最前沿阵地。团支部在班级管理工作中占有非常重要的地位，主要表现在以下几个方面。

1. 思想引领，引导学生成长成才。班级团支部作为共青团的基层组织，直接担负着用共产主义思想教育、引导青年学生的职能。团支部要组织团员重点学习党的理论知识，对学生进行基本路线、方针、政策教育，进行社会主义核心价值观教育，进行爱国主义教育，引导班级同学把个人的立志、成才、自我完善同社会发展的需要结合起来。

2. 班级团支部作为校、院系党政领导和上级团组织联系青年学生的最直接的桥梁和纽带，必须及时传递和反馈来自彼此的信息和要求，为上级团组织提供最真实的团员情况，担负起参与学校的管理、监督的职能。班级团支部作为由班级团员组成的共青团基层组织，是学校领导和学生相互沟通的重要渠道。班级团支部既可以代表团员向学校反映其意见和呼声，又可以通过与学校领导座谈加深互相理解，保证上情下达、下情上传。同时，团支部也是上级团组织了解基层团员青年情况的最佳途径。班级团支部提供的材料直接来自班级团员，具有真实性和群体性的特征，是上级团组织决策的重要依据。

3. 班级团支部干部要发挥模范带头作用。班级良好风气的形成，离不开班干部、团干部的努力，榜样的力量是无穷的。马克思曾指出："对头脑正常的人来说，判断一个人当然不是看他的声明，而是看他的行为。"班级团干部作为班级的德育骨干分子，应该时时处处走在前面、做在前面，以自己的行为示范，以自己的人格魅力感染其他同学，这比用一些规定、惩罚的效果要来得好、来得快，对班级风气良性发展起到很大的推动作用。团干部在团支部里起榜样示范作用的同时，还起到一定的辐射影响作用，团结带动其他同学营造积极向上、勤学、善学、巧学的学风，通过一帮一、结对子等形式帮助学习有困难的学生明确学习目标，端正学习态度，解决疑难，树立信心。

4. 班级团支部担负着维护班级学生具体利益的职能。为团员成才铺路搭桥，开辟团员业余活动阵地，创造良好的学习条件，关心团员的生活，优化青年团员成长的班级环境，组织团员参加社会实践活动，开展丰富多彩的"第二课堂"活动。

5. 团支部是"三位一体"的班级建设模式的主导力量。随着高校学生党员人数的增加，班级中党支部、班委会、团支部"三位一体"的班级建设模式的出现成为可能。综合前人探索的成果和当前高校班级建设经验，在新形势下，大学班级党支部、班委会、团支部"三位一体"的班级建设模式可界定为：以党支部为核心，以团支部为主导力量，以班委会为主要执行机构，在班级内部形成以党支部、团支部、班委会三者通力协作的团结进步力量，坚持以学生为本，以育人为中心，进一步完善班级内各组织职能，充分发挥班级团结学生、组织学生、教育学生的功能，形成“三位一体”的班级建设模式。其中，团支部的主导力量主要体现在其得天独厚的历史积淀和文化传承上。

### 二、班级团支部的组织构成

团支部干部的选拔应坚持德才兼备的原则，根据团支部团员数量和工作需要等具体情况配备。有团员人数 7 人以上的高校班级团支部，应当设立高校班级团支部委员会。班级团支部委员会由 3 至 5 人组成，一般不超过 7 人。班长可以兼任团支部副书记，团支部书记可以兼任副班长。团支部委员会一般设有书记、组织委员、宣传委员。团员不足 7 名的支部，可不设立支部委员会，只设立书记 1 人。团员较多的支部，可增设副书记 1 人。根据实际工作需要，团支部可以增设委员，如文体委员、学习委员。

## 第二节　班级团支部工作职责

### 一、班级团支部主要工作职责

（一）根据《中国共产主义青年团章程》，团支部工作的主要职责概括为以下四个方面。

1. 组织团员青年学习党的理论知识。学习党的路线、方针和政策，学习科学、文化和专业知识。团支部要把组织团员青年学习党的理论知识和党的路线、方针和政策作为团支部思想政治教育工作的一项重要任务，教育、帮助团员青年坚定信念，增强信心，明确使命。要大力开展爱国主义、集体主义和社会主义教育，要大力开展中华民族传统美德教育，帮助团员青年树立正确的世界观、价值观和人生观，全面提高团员青年的思想道德素质。

2. 宣传、执行党组织和上级团组织的指示和决议，充分发挥团员的模范作用，团结、带领青年积极投身于学校的改革、建设和发展，努力完成党组织和上级团组织交给的任务。团支部不仅要深刻领会党组织和上级团组织的工作精神，还要善于联系本班级的工作实际，结合青年学生的特点，主动地、创造性地完成党组织和上级团组织交给的各项工作和任务，把团员青年的巨大热情引导到学习、工作的实践中去，使他们勤奋学习、勇于创造、讲求实效、扎实工作，为学校的改革发展作贡献。

3. 加强对团员青年的教育和管理，认真做好各项团务工作。团支部的凝聚力和战斗力，是通过大量的、经常的团务工作逐步形成的。这些工作包括：定期召开团支部委员会和团员大会；发展新团员；做好团籍日常管理；收缴团费；建立、健全、落实团的组织生活制度；做好团内的奖惩工作；积极推荐优秀团员作为党的发展对象，向党组织输送新鲜血液；发现、培养优秀青年人才，积极向有关部门推荐。

4. 关心青年，密切联系青年。团支部要围绕党的中心工作，经常开展各种适合青年的独立活动，维护青年的正当权益，关心团员青年的学习、工作、生活和休息，指导青年进行有益身心健康的文化、娱乐和体育活动。要关心青年的特殊利益，帮助青年树立正确的恋爱观。对于青年的合理意见，要主动向有关部门反映。要维护青年的正当权益，与危害青年利益的不正当的人和事进行坚决的斗争，为青年的健康成长创造良好的环境和条件。

（二）团支部书记的主要职责

团支部委员会是团支部工作的领导机构，团支部书记是团支部委员会的核心人物，担负着对团支部工作全面负责的职责，负责班级团支部的一切日常工作。定期召开班级团支部会议，研究、计划、组织团支部工作，时刻关注团员青年存在的各种问题，并及时帮助解决，经常做思想工作；督促、帮助其他委员工作，配合、帮助班委会开展各种活动。团支书不仅承担着衔接团委与班级的责任，而且是团建工作和党建工作的重要联系人。因此，团支部书记工作的顺利开展对整个班级的建设起着至关重要的作用，有以下主要职责。

1. 抓好支委会的建设。支委会是团支部重大事项的决策者，支委的素质和工作水平影响着支部工作的开展。团支部书记是支委会的“班长”，负有关心委员的成长和发展，为他们创造成长、成才机会的责任；团支部书记还要善于增强自己和委员之间、委员与委员之间的思想沟通和相互了解，把支委会建设成团结的、充满战斗力的集体。

2. 认真了解党组织、上级团委（总支）的工作指示和决议，团结带领支部团员创造性地完成各项工作任务。

3. 组织好团员大会和支委会，传达贯彻党组织和上级团委（总支）的指示和决议，研究和计划团支部的工作，将支部工作中的重大问题及时提交支委会和团员大会讨论决定，必要时果断决策。

4. 监督检查支部工作计划、决议的执行情况，组织支部开展各项活动，出现问题及时向支委会、团员大会和上级团组织报告。

5. 了解、反映团员青年的思想、要求和呼声，维护他们的正当权益，关心他们的学习、工作和生活，积极主动开展团员青年喜闻乐见的活动，活跃团支部的气氛。

6. 经常向党组织和上级团组织反映情况、请示工作，加强和学校相关部门的联系，积极争取他们对团支部工作的帮助和支持。

（三）团支部组织委员的主要职责

团支部组织委员具体负责支部的组织工作，其职责主要包括以下几个方面。

1. 全面掌握团支部的组织状况，做好组织统计工作。支部组织状况包括：团小组的划分情况、各小组负责人情况、团员数量及构成（男女比例、年龄状况、学习状况、工作岗位等）、团员的流动情况等。年终要做好组织统计工作。

2. 团员团籍的管理，包括：团员证的发放，建立《团员花名册》，团员组织关系接转，团员团籍的注册、注销等。

3. 做好团员发展工作和“推优”工作。向团支部提交团员发展计划，计划通过后，抓好积极分子的培养和考察工作。发展对象培养成熟，具备入团条件、达到入团标准时，向支委会提出发展建议，并做好接受新团员的组织工作。组织委员还要帮助优秀的团员积极向党组织靠拢，认真负责地向党支部推荐优秀团员作为党的发展对象。

4. 组织好支部组织生活。团的组织生活是团组织对团员进行教育和团员进行自我教育的基本形式。通过团的组织生活，可以提高团员的思想觉悟，密切团员与团组织的联系，从而保证团组织政治上的先进性和组织上的严密性，提高团组织的战斗力。

5. 做好团员的思想教育与管理工作。组织委员要经常采取个别谈心、座谈讨论、报告演讲、参观访问等方式对团员进行理论教育、形势教育、理想教育、纪律教育、法治教育、传统教育，了解团员的思想，提高广大团员的思想政治觉悟和道德水平。对团员的管理包括团员证的日常管理、团员的奖励和处分、开展团员教育评议、按时收缴团费等。

6. 指导团小组的组织工作。指导所属团小组做好基础团务工作。

（四）团支部宣传委员的主要职责

团支部宣传委员具体负责支部的宣传工作，其主要职责包括以下几个方面。

1. 了解团员青年的思想状况和要求，结合新时期党的路线、方针、政策和上级团组织的要求，提出宣传工作意见，拟定和提出学习计划和建议。

2. 根据党组织和上级团委（总支）的指示和决议，配合党组织和上级团委（总支）的工作重心开展宣传工作。

3. 组织团员青年进行政治理论、时事政策、团的基础知识、现代科学技术等知识的学习。

4. 针对团员青年的思想情况组织各种教育活动，如组织团课学习、办板报、组织参观和报告会等，及时化解、排除团员青年的消极情绪。

5. 协助支委会组织团员青年参加上级团组织举办的各种宣传、教育和其他社会性活动。

6. 指导团小组的宣传工作。

## 二、班级团支部建设标准

（一）合格团支部建设的标准是“四有”，具体表述如下。

1. 有班子。班子健全，干部称职。

2. 有制度。各项制度健全，团员教育、管理工作正常开展，组织生活注重质量，“推优”工作坚持标准。

3. 有活动。各项活动经常举办，形式多样，各有特色，团员青年广泛参与。

4. 有作用。对团员提出高于一般青年的要求，发挥团员模范作用，团支部有凝聚力和战斗力，把团支部建设成为班级核心。

（二）先进团支部建设的标准具体表述如下。

1. 团支部班子素质高，能发挥骨干作用。

2. 支部团员学习成绩优良，学习风气好。

3. 支部团员积极要求进步，团内思想教育状况良好。

4. 支部组织工作规范，坚持高标准。

5. 支部宣传工作突出，产生良好反响。

6. 团支部在各项活动中作用明显，表现突出，成绩显著。

此外，在团支部的建设过程中要正确处理好团支部与班委会的关系。要充分发挥班级团支部的主导作用，真正做到“团要管团”，坚持对团员进行思想教育，主持政治学习，组织好团的组织生活，开展好团的组织活动，搞好团的思想建设、组织建设和纪律建设，保证班级工作顺利进行。班委会作为学生的自我管理机构，其主要任务是进行班级的集体建设，搞好日常学习、生活的管理工作，为同学们创造良好的学习和生活条件。团支部与班委会要互通信息，征求对方意见，在活动中分工协作，做到分工不分家。

## 第三节　班级团支部立项与“推优”工作

### 一、班级团支部立项工作

团支部立项是团日活动中最为重要的活动，是加强团的基层组织建设的重要载体和有效手段，是增强基层团建工作活力的具体措施。现将团支部立项活动的要求及申报过程叙述如下，以学院为单位举例，以供参考。

（一）团支部立项活动的要求

要充分认识开展团支部立项活动的目的、意义，以习近平新时代中国特色社会主义思想作为开展团支部立项活动的指导思想，把开展团支部立项活动与加强基层团建、吸引凝聚青年结合起来，不断增强各级团组织的创造力、凝聚力和战斗力，使之成为实践习近平新时代中国特色社会主义思想的坚强阵地。

做好团支部立项活动要注意以下几点：

1. 围绕学校中心工作，结合本院、本班实际情况，具有较强时代气息。

2. 讲究针对性和时效性。

3. 切实可行，易于操作。

4. 广泛发动，积极参与。

（二）团支部立项活动的申报过程

团支部立项活动要充分结合学校改革和发展的实际，结合学校的中心工作。团支部立项活动的程序应包括：

1. 项目设计：团支部要发挥广大团员的积极性和创造性，发动广大团员根据实际情况设计具体的团支部活动形式。要注意具体的活动方案、主题、活动形式、时间、地点、参加对象、经费预算等。

2. 项目申报：各系团委将选出的比较优秀的团支部立项项目（选送项目数量不超过全院系团支部立项项目总数的30%）及时上报院团委组织部。院团委将对各系上报的立项项目进行审核，将优秀的立项项目上报到校团委，校团委对项目的意义、可行性等进行审核，对审批通过的立项活动给予一定的活动经费支持。同时院团委也评选出一定数量的优秀院级立项活动，也给予一定的活动经费支持。

3. 项目管理：院团委对团支部活动项目执行情况、活动开展情况及活动经费使用情况进行监督检查。立项活动完成之后，团支部要认真进行总结，撰写立项活动执行情况总结报告，整理相关图片资料等，提交给院团委进行验收。院团委对活动的目标、效果进行考核，对完成情况好的予以表彰。

各系团委要切实加强领导，精心组织实施活动。各系团委组织部要对团支部立项活动进行协调指导。各系团委对所属支部活动方案进行分析研究之后，向院团委正式申报若干个团支部立项活动。另外社区、网络组织和学生会等新型团支部也可申报团支部立项活动。

各级团组织应将立项活动作为本单位团建的一项重要工作，切实加强领导，精心组织实施。团支部立项活动的开展情况将作为团委评选表彰先进基层团组织和个人的重要依据之一。团支部要对立项活动组织评选表彰。

## 二、班级团支部“推优”工作

中国共产主义青年团是党的助手和后备军。“推优”是向党组织推荐有入党意愿的优秀团员青年，不断壮大学生入党积极分子的队伍，激发其工作、学习积极性，促进团学工作的蓬勃发展，这是党赋予共青团组织的一项光荣任务。根据《中国共产党发展党员工作细则》和《中国共产主义青年团章程》等有关文件精神，“推优”工作要做到公开、公平、公正。现将“推优”工作的相关情况概括如下。

（一）“推优”的时间安排及组织实施

“推优”工作在每学期开学后的第3—5周进行。在学院党总支（党委）和院（系）团委的指导下，由各团支部组织实施。

（二）推荐名额

推荐名额根据各年级学生人数确定，其中一年级学生的推荐名额可以比其他年级多一些。

（三）“推优”对象的条件

“推优”工作要贯彻“坚持标准，保证质量，改善结构，慎重发展”的方针。党章规定的党员标准是“推优”工作的基本依据。

1. 符合《中国共产党章程》第一条规定的内容。

2. 已递交入党申请书，入党动机端正。

3. 表现积极，有服务同学的意识，能在班集体起好表率作用，群众基础好，成绩排名前列，“推优”前一个学期无不及格成绩。

4. 能够自觉遵守团的纪律，执行团的决议，积极参加党组织开展的活动，自觉以党员的标准严格要求自己，完成团组织交给的各项任务。

各班团支部在推荐时要严格执行以上标准，保证质量。符合条件、工作突出的优秀团员、优秀团干部和学生干部可优先推荐。

（四）“推优”程序

1. 团支委审查提名。班级团支委召开会议，根据“推优”条件进行审查，并提出候选人名单，写出详细的推荐材料。

2. 团支部大会推荐。在院系团委书记的指导下，组织召开班级团支部大会，将候选人提交支部大会讨论并进行无记名投票。参会团员人数应超过本支部应到团员人数的三分之二。

3. 投票数超过到会人员一半及以上的被推荐团员，应及时填写团员推荐表，团支部签署推荐意见后报院系团委审批。

4. 学院团委（系团委）审批后，应及时向相关学生党支部推荐，党支部召开“推优”工作鉴定评议会，根据班团支部的推荐意见及优秀团员推荐表，经出席会议党员讨论表决，确定积极分子名单。

5. 确定的积极分子名单经院党总支（院党委）审核通过后进行公示，如无疑义，正式确定为入党积极分子，学生党支部予以考察培养。

以上列举了两项比较重要的团支部建设工作，由于团的工作较多且复杂，具体执行时还需围绕中心，把握原则，灵活处理。

# 第五章　班级党支部建设

加强和改进大学生党员发展工作和大学班级党支部建设，是充分发挥党的政治优势和组织优势、开展大学生思想政治教育、培养中国特色社会主义事业的建设者和接班人的迫切要求，对于把我们党建设成为优秀人才高度密集的政党，对于党和国家的长期稳定和发展，对于社会主义建设事业的持续健康发展等都具有重大而深远的意义。班级党支部作为各大高校的基层党组织，不仅是对大学生党员进行思想政治教育的最直接、最有效的基本单位，而且是各高校改革和发展的基石。从各大高校班级党支部的具体实践来看，党支部在班级中的影响力、带动性是影响个人、班级、年级、院系乃至整个学校发展进步的重要因素。因此，建设好班级党支部是大学班级管理的必然要求。

# 第一节　班级党支部的建构

## 一、党支部建在班级上的意义

当前，不少高校党建工作呈现出新态势：学生党员数量不断增多，但发展工作不平衡；学生党员质量不断提高，但针对大学生党员骨干的培养力度不够；学生党支部数量逐年增多，但班级党支部设置率还不高；学生支部管理工作不断完善，但工作特色不明显。

党支部建在班级上符合大学生党建工作实事求是、从实际出发、与时俱进、适应新情况和新变化的需要，是加强大学生思想政治教育的有效途径。

第一，党支部建在班级上，可以保持比较合适的支部规模，提高民主生活及各项教育活动的效率。

第二，党支部建在班级上，有助于对入党积极分子进行培养和考察、对党员进行教育和管理，更有助于发挥学生党员的先锋模范作用。

第三，党支部建在班级上，有利于党支部、团支部、学生会、班委会形成合力，更好地发挥党支部的战斗堡垒作用。

第四，党支部建在班级上，有利于培养学生自我教育、自我管理、自我服务的意识和能力。

第五，党支部建在班级上，有利于加强大学生思想政治教育工作，把大学生培养成德智体美劳全面发展的合格人才。

### 二、班级党支部的组织架构

班级党支部的组织架构一般根据所在支部的党员数量确定，党章规定，党员人数在 7 人以上（含 7 人）的党支部，应设立支部委员会，由党支部书记、组织委员、宣传委员等构成；党员人数不足 7 人的党支部，不设支部委员会，设书记 1 人，必要时可增设副书记 1 人。党支部委员会由党员大会选举产生，并报上级党组织批准，每届任期两年或三年。

## 第二节　班级党支部的工作职责

### 一、班级党支部支委会的职责

1. 完成党章规定的基层党组织的基本任务，接受上级党组织的工作任务，加强党支部的自身建设，充分发挥学生党员在学习、班级工作等方面的模范带头作用。

2. 组织班级党员学习政治理论，学习党的路线、方针、政策及决议，不断提高党员的理论水平、政治素养。

3. 做好入党积极分子、预备党员、正式党员日常管理工作，及时接转党员组织关系，做好党费的收缴和管理工作，做好预备党员的教育、考察和转正工作，表彰优秀党员，帮助后进党员，保持党支部的纯洁性和战斗性。

4. 组织开展班级党支部活动，应每月至少开展一次。党支部委员会会议根据工作需要，不定期召开。党支部党员大会一般每季度召开一次，也可根据工作需要适当增加召开次数。党支部民主生活会，至少半年召开一次。还要做好党支部生活记录，建议统一使用所在省的省委组织部印制的《××省高等学校基层党组织工作手册》。

## 二、班级党支部各委员的职责

以下主要介绍党支部书记、宣传委员和组织委员的工作职责，其他委员的职责参考中共中央组织部的有关文件规定。

（一）班级党支部书记工作职责

1. 宣传、贯彻、执行党的路线、方针、政策和上级党组织的决议，坚持正确的政治方向，充分发挥基层党支部的战斗堡垒作用。

2. 带领支部党员发挥先锋模范作用，团结广大学生，营造良好学风，圆满完成学习任务。

3. 负责党员的日常教育、管理和监督。根据上级党委关于党员教育的安排意见，结合实际，制订党员教育活动计划。

4. 做好发展党员的工作，培养教育入党积极分子。制订支部培养和发展计划，积极扩大入党积极分子的队伍。接收团组织推荐的优秀团员作为党的发展对象加以培养。

5. 严格考察入党积极分子的入党动机、政治觉悟、思想品德及在重大政治斗争中的表现。坚持“成熟一个，发展一个”的原则，严格履行发展手续。

6. 做好预备党员的教育、培养、考察和转正工作。

7. 关心本支部党员和积极分子的思想、工作和生活，有针对性地开展思想教育工作。运用多种形式对学生进行爱国主义、集体主义、社会主义教育，引导他们树立正确的世界观、人生观、价值观。

8. 与各团组织、班委会、学生会等组织共同开展工作。

9. 认真做好民主评议党员的工作，接受党内外群众的监督，做好党费收缴工作。

10. 完成上级党组织交办的其他任务。

（二）班级党支部宣传委员工作职责

1. 在支部委员会集体领导下，负责支部的宣传工作。

2. 了解掌握党员和群众的思想状况，根据不同时期党的工作重心和任务及上级党委的指示，宣传党的路线、方针、政策，提出宣传教育工作的计划和意见。

3. 组织党员学习党的基本理论、基本知识和时事政策，组织开展党课学习，做好思想政治教育工作。

4. 围绕本支部的中心工作开展多种形式的宣传活动，丰富党员和群众的文化体育生活。

5. 充分利用广播、电视、黑板报等宣传工具，建设好本支部的宣传阵地。

6. 收集和整理先进党员的模范事迹材料，向支部委员会提出表扬和鼓励的建议，及时向上级党组织汇报情况。

（三）班级党支部组织委员工作职责

1. 了解和掌握党支部的组织状况，根据实际情况，提出党小组的划分调整意见，检查和督促党小组过好组织生活，并按照党章规定，积极做好支部换届改选的准备工作。

2. 及时指导和监督党小组的工作，协调各党小组长的工作关系。在党员发展和转正过程中，审查新发展党员的各项材料，做好发展新党员的鉴定工作。

3. 做好本支部党员的基本信息管理工作，及时做好预备党员转正前的鉴定工作。协助支部书记及时记录本支部党员的人员更新情况，及时向上级党组织以书面形式进行汇报。

4. 根据本支部实际情况，做好党员每一学期的民主评议工作，认真完成每学期党员的考核评定工作，组织好先进党支部、优秀党员评选等工作。

5. 协助支部书记、副书记与宣传委员一起做好支部各项工作，负责支部有关活动的组织实施。

## 第三节　班级党支部立项和党员发展工作

### 一、班级党支部立项工作

党支部立项活动是加强党的基层组织建设的重要载体和有效手段，是增强基层党建工作活力的具体措施，有利于进一步推动基层党组织的建设，充分调动基层党组织和广大党员的积极性和创造性，提高党支部组织生活的质量，增强党支部工作的活力。党支部立项活动是一项系统性的活动，时间一般较长，可以是连续的一段时间，也可以是不连续的若干个时间段；党员可以集中开展活动，也可以分散成若干队伍开展活动；活动内容可以是一个，也可以是多个。

党支部立项活动要紧密围绕党委中心工作，具有较强的时代气息；要讲究针对性和实效性；要切实可行，易于操作；要广泛发动，尽量扩大参与面。党支部活动既要与学校党委的中心工作相结合，又要与学校教育、教学、科研、管理等中心工作相结合。

党支部立项活动的一般程序是：

1. 项目设计，党支部要发挥广大党员的积极性和创造性，发动广大党员根据本支部的实际，设计党支部活动的具体形式。

2. 项目申报，党支部将酝酿成熟的项目上报上级党总支（党委），党总支（党委）根据项目的意义、可行性等进行审核，对同意立项的活动给予必要的经费及其他条件支持，并选择其中优秀的活动项目上报校党委，由校党委组织评审，并适当予以经费资助。

3. 项目管理，党总支（党委）要对党支部项目的执行情况、活动开展情况及活动经费的使用情况进行监督检查。项目完成后，党支部要认真进行总结，撰写并提交项目执行情况报告，党总支（党委）组织验收。党总支（党委）主要对项目的目标、效果进行考评，对完成情况好的要予以表彰。对党总支（党委）选送并已立项的优秀项目，校党委组织部将组织有关人员进行验收，同时，开展校级党支部立项活动优秀成果的评选和表彰工作，并从中选取优秀项目参加上一级党支部立项活动优秀成果的评选和表彰。

## 二、班级党支部党员发展工作

党员是党的肌体的细胞和党的活动的主体。发展党员是党的一项重要工作，是党建设新的伟大工程的一项基础工作，是党员队伍建设的重要组成部分。在班级党支部中开展党员发展工作，吸收和培养优秀青年加入党组织是我们党一贯的主张，也是新形势下高校党建工作的重要任务。

（一）班级党支部党员发展工作的重要性和必要性

1. 重视在大学班级党支部发展党员，是扩大党的群众基础、增强党的执政基础、提高党在全社会的影响力和凝聚力的重要举措。把青年学生中的优秀分子吸收进党的队伍中来，有利于改善党员队伍的构成和分布，夯实党的群众基础；当这批青年毕业以后以党员身份进入新的社会组织，有利于扩大党的工作覆盖面和深化党在全社会的影响。

2. 重视在大学班级党支部发展党员，把大学生中符合党员条件的优秀分子吸收到党内来，是实施人才强国战略、培养为实现中华民族伟大复兴的中国梦而奋斗的一代新人的迫切需要。

3. 重视在大学班级党支部发展党员，是建设学习型政党的必然要求。学习型政党要求党组织全体成员在公共目标的指引下注重学习、传播、创新知识，具有持久创新能力去创造未来。高校学生正处于学习阶段，在校期间接受良好的教育，并培养了创新能力和创新思维，与其他群体相比更加重视学习且善于学习，及时把优秀的高校学生吸收到党组织中，进一步加强培养和教育，有利于学习型政党的建设，有利于党更好地完成自己的历史使命。

（二）班级党支部党员发展工作的程序

班级党支部发展党员主要依据中共中央组织部印发的《中国共产党发展党员工作细则》来开展工作，并接受所在组织党委的指导，一般来讲发展程序如下：

1. 自愿提出入党申请。有入党意愿的同学自愿向所在院系党组织提出书面申请，申请内容包括对党的认识、入党动机和本人主要表现。

2. 确定入党积极分子。入党申请经班级党小组（团支部）推荐、支委会审查同意后，确定入党积极分子名单，而后党支部将入党积极分子报上级党委备案。

3. 进入考核期。党组织应当指定一至两名正式党员作为入党积极分子的培养联系人。入党积极分子的考核期为一年以上，自党支部确定其为入党积极分子之日算起。党支部每半年对入党积极分子进行一次考察。基层党委每年对入党积极分子队伍情况作一次分析。针对存在的问题采取改进措施。入党积极分子需要不定期地向党组织汇报思想。

4. 确定发展对象。入党积极分子经过一年以上培养教育后，在听取党小组、培养联系人和党内外群众意见的基础上，经由党支部委员集体讨论确定为发展对象。入党积极分子根据自身经历写一份自传，内容主要包括本人简历、家庭主要成员及主要社会关系的政历和现实表现情况。

5. 参加党课培训。申请入党的同学要参加学校党委组织的党课培训和结业考试，通过考试之后才能进一步发展。

6. 确定入党介绍人。入党介绍人由两名正式党员担任，一般由培养联系人担任，也可由发展对象约请或由党组织指定。

7. 填写入党志愿书。发展对象填写入党志愿书，须经上级党组织同意，在入党介绍人的指导下，用黑色签字笔或钢笔填写。

8. 支委会审查和召开支部大会。召开支委会，严格审查发展对象填写的入党申请书和有关材料，支委集体讨论认为发展对象合格和手续完备后，提交支部大会进行讨论。

9. 组织谈话。在审批接收新党员前，要指派党委组织委员、其他党委成员同申请人谈话，作进一步考察。

10. 党委审批。党委审批必须坚持集体讨论原则，将审批意见填在入党申请书上，注明预留期的起止时间，并通知报批的党支部。

11. 支部向本人发出入党通知书。党支部接到上级党委入党审批通知后，应及时通知本人并在党员大会上宣布。党支部应将上级党委批准的预备党员编入党小组活动，告诉其缴纳党费的时间、规定等。

12. 入党宣誓。预备党员必须面对党旗进行宣誓。

13. 预备期的培养考察。预备期为一年，从支部大会通过预备党员之日算起。预备期内，党组织对预备党员进行教育和考察。预备期满后，党支部要进行全面考察，并写出书面报告。预备党员转正材料必须报所在单位组织部审查同意后，方可审批讨论。

14. 预备期满考察合格，向组织提交转正申请书。党委对党支部上报的接收预备党员的决议，必须在三个月内审批，并通知报批的党支部。

15. 成为正式党员。转正申请书经上级党委审批同意后，即成为正式党员。

（三）班级党支部党员发展工作的注意事项

1. 班级党支部发展党员时应加强入党积极分子的教育。

首先，应加强入党积极分子的马克思主义理论教育；其次，应加强入党积极分子的理想信念教育；最后，应根据入党积极分子的现实情况，把理想信念教育与社会及学生个人的发展有机结合起来。

2. 班级党支部发展党员时应严格进行大学生预备期党员的考察。对新入党的党员规定预备期，并在预备期内进行严格的考察是保证党员队伍纯洁性和党员质量的一项重要措施。首先，要严格进行组织上的思想考察；其次，要严格进行组织上的工作考察；最后，要严格进行组织上的政治审查。

3. 班级党支部发展党员时应加强入党程序的把关。首先，应规范入党程序，严格按照入党程序开展班级党支部党员发展工作，避免出现程序不全、不规范的问题。其次，既要重视发展程序，也要重视考察过程。发展程序和考察过程缺一不可，均需要加以重视，不可厚此薄彼，出现重发展程序、轻考察过程的情况。

# 第六章　班级管理过程与建设事项

班级管理过程和建设事项是班级管理者最为关注的问题，也是本书的重点。班级管理的过程应当是怎样的？班级建设包括哪些方面，途径和程序如何？本章将逐一进行论述。

## 第一节　班级管理过程

参考管理学的概念，笔者认为班级管理过程应该包括如下步骤：

第一，建班子。班级管理首先要有班子团队，要及时成立班委会、团支部、党支部。班子团队很重要，是整个管理的核心，没有领导核心的管理就谈不上管理，而且要尽快完成班级管理共同体的构建。

第二，定目标。班子建立后，就要着手讨论管理目标的问题。管理目标的确定要讲究科学根据，可以参考目标管理的相关理论，本书的第二章理论部分已经有提及一些，比如确定什么样的目标合适，目标可以分成几个层次。这个过程要注意广泛发动，集中参与，如果操作得当，是班级凝聚力的一次升华。

第三，出制度。无规矩不成方圆，说的就是规章制度的重要性。通过民主集中的方式确定了班级的发展目标（发展规划），接下来就要着手制定规章制度来确保目标的实现。规章制度的制定，同样需要讲究方法，不但要切合班级实际情况，还要符合班级大多数成员的要求，准确地说是获得他们的认可和支持，否则制度出了但执行不了，也是徒然。

第四，搞活动。搞活动是班级成员交流沟通的重要途径，也是活跃气氛、减轻压力、展示班级同学才华的重要平台。一个没有活动的班级注定是失败的班级，但活动多的班级也未必一定很成功。因此，活动在于精，而不在于多。活动的形式要灵活多样，要生活化、大众化，不能只为了搞活动而搞活动。形神兼备的活动才是成功的活动，具体的文体活动说明见本章后续介绍。

第五，“会精彩”。“会精彩”的理解可以分成两个层面：首先是从结果的层面来理解，按照上述四个步骤认真执行，而且进行富有艺术性的管理，那么一定会有一个相对满意的结果，班级会有出彩的时机。其次是从过程层面来理解，“会精彩”不是一定出彩、一定优秀，而是通过主观努力争取出彩。这里涉及班级管理者把握时机、创造时机的能力和水平。一个班级如果把握了“会精彩”的两个层面，那么这个班级就是有影响力和号召力的班级，同时也是值得尊敬和支持的班级。当然，这里还涉及班级宣传方面的工作以及班级文化塑造的问题，本章后续会有专门介绍。

第六，促团结。促团结，是整个管理的核心目标。团结就是力量，凝聚力强的班级是战无不胜，所向披靡的。在整个管理过程中，班级管理者应该始终围绕着促团结、增强班级凝聚力这个目标去实施管理。

第七，留档案。这是班级管理最容易忽视的环节。档案的重要性不言而喻，班级管理的任何一个过程都应当留下档案材料，方便总结、提高、传承。本章后续专门介绍这个环节。

以上七个步骤环环相扣、相互联系，以下的班级建设内容也基本按照上述的逻辑展开讨论。

## 第二节　组建班子

### 一、班委会的组建

组建班级管理的核心团队——班委会，即建班子。组建班委会，就要进行班级选举和聘用。班级选举是班委会新组建或换届时必经的一个程序。现将大学班级选举和聘用的注意事项总结如下。

1. 新生入学后，由班级管理者（辅导员、班主任、班导师）指定班委会临时组成人员，负责班级各项工作的开展。特别是入学教育和军训期间，通常做法是班级管理者（辅导员、班主任、班导师）参考高考档案材料和现实表现，先指定男女生负责人若干名负责其间的班级工作。入学后 1—2 个月完成班委选举和聘用工作。

2. 班级选举应当由班级管理者（辅导员、班主任、班导师）亲自参加或者指定一名高年级学生骨干列席会议，监督班级选举工作的开展。选举要做到公正、公平、公开。

3. 班级进行选举时，须有2/3及以上的班级成员出席方可。

4. 选举方式采取直选制，建议有差额。直选制是指班委的职位全部列出，班级同学根据自身特点报名参选，所有职位都进行直接选举。

5. 班委会选举程序如下：

①通过组织推荐、个人自荐或学生联名推荐方式确定候选人。

②宣布换届选举开始，陈述各个职位的具体工作职责。

③现任班委述职（新生刚入学可免去班委述职环节）。

④介绍竞选候选人，进行竞选演说。

⑤班级投票。

⑥唱票、计票。

⑦公布候选人票数。

6. 班委所得票数应超过到会人数的半数，并应按照得票数由高到低的顺序当选。

7. 回收选票数多于实际到场人数，选举无效，应重新进行选举。

8. 选举结束后，将选举结果上报班级管理者（辅导员、班主任、班导师），并由班级管理者（辅导员、班主任、班导师）以适当的形式宣布。

9. 正式宣布后，可以规定一定时期的试用期，试用期内如不能较好地履行职责，可以提请辞呈或直接换人，差额候补人员可替补进入班委会工作。

10. 正式宣布班委时，应让班委签订工作承诺书或班委宣言，以督促其努力工作。

11. 每届班委会的任期为一年。班委可以连选连任。任期结束时，班级管理者（辅导员、班主任、班导师）应给予一定的表现鉴定，适当时候发给聘用证书。

## 二、班级“三驾马车”的建设

随着高校党建工作的稳步持续开展，高校党员数量持续增长，传统班级的“两驾马车”——班委会和团支部，已经不再适用于班级的管理和领导，党支部必须成为班级管理的另“一驾马车”，“三驾马车”齐头并进才能高效地带动班级发展。党支部、班委会、团支部“三驾马车”模式下高校班级的组织构建核心是以人为本，不仅要求发展为了人，更要求发展依靠人，要求通过发展不断增强人的思想道德素质、科学文化素质和健康素质，促进人的全面发展。

建设以党支部为领导核心、以团支部为主导力量、以班委会为主要执行机构的党支部、团支部、班委会“三驾马车”，最终目的是给每位学生提供良好的成长氛围和条件，促进每位学生的全面健康发展。

“三驾马车”的中心任务是：以创建先进班集体为主旨，形成团结互助、活泼进取、求真务实、开拓创新的良好班风；促使全班同学刻苦学习，努力拼搏，勇于创新，不断探索，营造良好学风；引领班级成员自我加压，勇创佳绩。

党支部是班级组织中政治性程度最高的组织。主要负责宣传、执行党的路线、方针、政策和上级党组织的决议，推动学生团结进步；加强学生党员的教育、管理和监督；组织学生党员参与班级事务管理。

团支部的主要职责是随时掌握和了解学生的思想动态，并给予指导；组织开展各种团日活动和团立项活动，通过活动强化理论学习、增强学生之间的情感联系；指导和帮助班委会开展日常工作。

班委会的主要职责是根据上级要求制订和实施班级工作计划，组织开展各种活动；了解同学的思想动态，维护学生的权益，做好深入细致的思想政治教育工作；负责落实学校的规章制度，抓好班风、学风建设，做好先进集体、先进个人的评定工作等。

根据江南大学教授彭长华的研究与实际调查，当前“三驾马车”的组建主要存在如下两种模式。一是同步开展模式。设置党支部、班委会、团支部，人员交叉任职。比如，党支部书记兼任班长，党支部组织委员兼任团支部书记，这样就形成了以党支部为龙头的三套班子，有利于相互支持、相互配合，有条不紊地开展工作。二是成员锻炼培养模式。从学生入校时就对班长、团支部书记人选进行重点培养，并在班长、团支部书记中选出党支部书记，为党支部指导和帮助团支部、班委会开展工作打下坚实的基础，有利于培养人才，推进班级的各项工作。

发挥“三驾马车”的作用还应在班级总体目标的指导下，按照分工原则，鼓励“三驾马车”进行内在良性竞争，使干部加倍努力工作，以更好地实现组织目标。

## 三、班级管理模式

成功的班级管理，需要科学合理的管理模式做支撑。科学合理的管理模式，可以为班级管理带来巨大的成效。

由于素质水平不同或班级管理的质量各有差异，辅导员（班主任、班导师）在管理班级的实践中会形成不同层次和水平的班级管理模式。教育管理学专家贺乐凡教授按照班级管理中辅导员（班主任、班导师）和学生的影响程度，将班级管理模式分为以下几种。

1. 松散式。松散式管理模式也称放羊式管理模式。其特点是辅导员（班主任、班导师）和学生之间缺乏沟通联系，辅导员（班主任、班导师）对学生只起到看管的作用。整个班级处于游离状态，没有确立明确的管理目标，班干部职责不清，不开展集体活动，也不跟家庭和社会取得联系。这种管理模式反映出班级管理者水平较为一般，缺乏责任心。

2. 命令式。命令式管理模式也称专权式管理模式。在这种管理模式中，辅导员（班主任、班导师）包揽了班级管理的一切事务，通过号召、命令等行政手段向学生提出要求，靠强制手段执行其决定。班干部的核心作用得不到发挥，学生参与意识薄弱，缺乏班级主人翁感。由于在班级管理中只有辅导员（班主任、班导师）向学生单向传递信息，而没有学生的反馈，因此班级管理者和学生之间经常发生矛盾，有时矛盾比较尖锐。这种管理模式很难营造出良好的教育气氛，容易压抑学生的主观能动性，不利于培养学生的创造性。

3. 简单联系式。在这种管理模式中，辅导员（班主任、班导师）和学生以及辅导员（班主任、班导师）和学生干部之间已经建立了双向联系，有了情感和信息交流。这种管理模式比第一、第二种模式要好一些，但班级工作仍然主要靠辅导员（班主任、班导师）指挥，班干部未能充分发挥骨干核心作用，班集体并未真正形成。

4. 多向联系式。在这种管理模式中，不仅辅导员（班主任、班导师）和学生以及辅导员（班主任、班导师）和班干部之间建立了情感和信息交流，而且由于班级活动的开展，同学之间的联系增加并形成了正常的情感和信息交流。这种管理模式比以上三种都要完善，但由于辅导员（班主任、班导师）仍处在班级之外指导和管理班级，学生干部的作用未能得到充分发挥，所以它还保留着命令式的痕迹。

5. 民主平等式。在这种管理模式中，辅导员（班主任、班导师）是班级的组织者、教育者和指导者。辅导员（班主任、班导师）与同学之间、同学与同学之间、同学与干部之间均已建立情感、信息交流，师生关系融洽。班级干部已成为班集体的核心，班级决策在辅导员（班主任、班导师）的指导下，通过班干部组织同学讨论作出并得到全班同学的认同。在这种管理状态下，师生之间、干群之间已经建立民主平等的关系。同学在班级活动中通过广泛交往形成正确的班级舆论，班集体已经形成。

以上五种班级管理模式在实际的班级管理中都存在，贺乐凡认为它们反映了不同阶段班级管理的发展水平，也反映了辅导员（班主任、班导师）素质提高的过程。辅导员（班主任、班导师）有一个成长的过程，刚走上工作岗位的年轻辅导员

（班主任、班导师）由于经验不足、急于求成，由于责任心不强、专业水平不高，往往容易采用第一、二种管理模式。因此，在班级管理实践中，高校应当加强辅导员（班主任、班导师）的培养和教育，提高辅导员（班主任、班导师）的班级管理理论知识水平，使辅导员（班主任、班导师）形成自己的管理风格，使有经验的辅导员（班主任、班导师）的班级管理模式由第三、四种模式向第五种模式发展。

此外，随着高校不断改革发展，近来出现了“扁平化”班级管理的趋势。结合武汉科技学院杨芝的研究和笔者实践所得，在此一并介绍大学班级管理的“三位一体”模式。所谓“三位一体”管理模式，即思想政治辅导员、班导师（班主任）、学生干部共同进行班级管理的模式。思想政治辅导员是班级的总负责人，负责把握班级管理建设的方向，负责指导和检查班级管理工作制定和完善班级管理目标。班导师（班主任）是班级管理的指导者、管理者和组织者。学生干部是班导师（班主任）进行班级管理的桥梁，是班级管理的真正实施者。三者缺一不可，因此要不断提高思想政治辅导员、班导师（班主任）、学生干部的业务素质，强化思想政治工作、教育管理工作，做到内强素质外树形象，完善班导师（班主任）工作考核机制，建立学生干部自我评价、学生评价机制。采取思想政治辅导员、班导师（班主任）、学生干部“三位一体”的班级管理模式，要以生为本，营造良好学风、班风，促进班级管理工作科学化、民主化、规范化、制度化、系统化。“三位一体”管理模式的实施，要特别注重发挥学生干部的作用，尊重他们的首创精神，尊重他们的实践行为。因为学生干部才是班级管理的主角，他们工作在一线，更能了解学生的想法。

## 四、年级特点与管理策略

### （一）大学一年级学生工作重点，以适应性教育为主

1. 大学一年级学生的特点

大学一年级为过渡期。这个阶段大学生既对大学生活有诸多方面的新鲜感，又有许多不适应。

（1）对大学生活的新鲜感。经过紧张的高考，终于步入了大学的殿堂，大学的环境、大学的人和事、大学的课程等方面都让大学生感到十分新鲜。此时他们会不断地感受全新的一切，不断地探索大学生活，并且与他们理想中的大学生活进行对比。

（2）对大学生活的不适应：

第一，学习方面的不适应。首先是学习目标不明确，缺乏学习动力；其次是找不到适当的学习方法；此外，大学的学习内容及难度增加了很多。这使新生一时很难适应。

第二，生活方面的不适应。相对于高中时以学习为主的生活，大学生活更加丰富多彩；大学生活要求学生更加自立，具备较强的生活自理能力；集体生活、大学宿舍、食堂的饭菜、变化的地理环境等都使新生一时无法适应。

第三，人际交往方面的不适应。大学中人际交往最显著的特点是师生关系明显淡化，而同学之间互动相对频繁，这让很多一年级大学生茫然不知所措，产生了很强的不适应感。

对理想与现实的巨大差距的不适应、对自主进行时间分配的不适应等，也是一年级大学生普遍遇到的问题。

2. 大学一年级班级管理者的基本工作策略

针对大一新生的特点，班级管理者应在宏观和微观两个方

面采取相应策略。

所谓宏观，也就是对大方向的把握。首先，要充分了解和关爱每一个学生，这是大学一年级班级管理者的最基本策略。其次，班级管理者要通过自己的言行和所开展的工作让学生建立信任感，并在学生中树立起自己的威信。此外，班级管理者应该明确基础的重要性，即一定要强化各项基础工作，因此适当的严厉是必要的，所谓“严在当严处，爱在不言中”。

所谓微观，即对一些具体问题的处理，具体指引导大一学生处理好以下几个方面的关系：

第一，理想与现实之间的关系。引导学生面对现实，自强不息，努力进取，既不要一味消极失望以致丧失前进的动力，也不要过分乐观而忘乎所以。

第二，主动与被动的关系。引导学生学会独立思考、独立生活、合理安排时间等。

第三，大学中“教”与“学”的关系。重点指导学生开展专业学习与自主学习。

第四，个人与集体的关系。主要培养学生的集体意识、团队意识和主人翁责任感等。

第五，学习与工作的关系，即如何合理分配学习与社会工作、社会实践的时间。

第六，纪律与自由的关系。引导学生理解什么才是真正的自由，重点培养学生的纪律观念。

第七，良好的个人修养与个性之间的关系。注意培养学生良好的个人习惯、礼仪礼貌等。

（二）大学二年级学生工作重点，以引导性教育为主

1. 大学二年级学生的特点

大学二年级为适应期，这一阶段的大学生主要表现出以下特点：

（1）适应感。这一阶段的大学生已基本适应大学生活，对于大学的种种新鲜感慢慢淡去。

（2）人际交往问题凸显。这一阶段大学生人际交往问题主要表现在以下几个方面：一是处理不好和同学的关系，尤其是处理不好和室友的关系；二是缺少朋友，尤其是缺少能够说真心话的朋友；三是缺乏人际交往策略。

（3）学业压力增大。专业课逐渐增多，导致很多大学生感觉学业压力大，有的学生甚至会掉队。此外，大学英语四、六级考试，计算机等级考试等也给一些学生带来了一定的压力。

2. 大学二年级班级管理者的基本工作策略

结合大学二年级学生的特点，在工作方式方面，班级管理者首先应进一步加强感情投入，走进学生的内心世界；其次，开展工作时，在不丧失原则的情况下，方式应更加灵活；再次，开展工作时要多听听学生的意见和想法；最后，对学生要多进行肯定、激励等正面教育。

在工作内容方面，要重点做好以下几个方面：

（1）加强人际关系辅导，侧重于人际交往策略、人际和谐及与异性交往方面的辅导。

（2）加强学业引导。通过进学生课堂听课、找专业老师了解等方式，了解学生在学习方面的真实情况。对于一些学习成绩问题严重的学生，应重点加强帮扶工作。此外还应加强英语

及计算机等级考试方面的督促和引导。

（三）大学三年级学生工作重点，以分流性教育为主

1. 大学三年级学生的特点

大学三年级为矛盾期，这一阶段的大学生主要体现出以下特点：

经过两年的学习，学生在各个方面都奠定了一定的基础，进入三年级以后，希望全面提高自己的综合能力，在思想上积极要求进步，为加入党组织而努力。在学习方面，具有较好的自学能力，精力集中地向着目标努力。同时感到时间过得快，感叹大学生活即将结束，工作的压力也明显加大。

（1）目标矛盾期。这一阶段的大学生开始考虑和规划大学乃至将来的发展，但很多学生在选择目标时徘徊不定，处于一种矛盾的状态。

（2）就业方向迷茫。这一阶段的大学生与大四学生交往较为密切，关注自己的未来发展，较多学生表现得积极向上，也存在少量学生目标不明，动力不强，对就业方向较为迷茫。

（3）情感问题突出。大三学生在情感上较为成熟，但是不少社会不良风气侵入大学校园，原本纯粹的校园感情也不可避免地蒙上了一层物欲的面纱，情感问题凸显。

2. 大学三年级班级管理者的基本工作策略

结合大学三年级学生的特点，班级管理者首先要加强专业引领教育工作，帮助学生了解职业要求和未来的发展方向，激发学生的学习动机；其次要进一步加强与学生的感情联系，努力做学生成长的良师益友；最后要借助学校各方力量，依托校园心理咨询中心等专业机构，缓解学生的思想及情感压力，引

导学生做阳光青年。重点需要做好以下几个方面的工作：

（1）在专业发展方面，引导学生逐步明晰自己的目标，并指导他们为目标不断努力，做好分流教育工作，引导学生做好考研、就业、出国、创业等方面的职业规划。

（2）在专业实践方面，鼓励和引导学生参加各类实践活动，比如担任学生干部、参加各类专业科技类竞赛活动、走进实验室、参与教师科研课题研究等，培养和提高学生的综合能力。

（3）在思想引领方面，立足现实，从学生最关心的问题切入，帮助学生认清问题的本质，排除思想干扰，追求理想目标。

（4）在日常教育方面，首先是抓好以先进带动一般的工作，做好困难学生的帮扶工作，努力解决出现的问题，使矛盾尽量缓和；其次是积极发挥学生的自我教育能力，让学生自己教育自己、自己管理自己；再次是要关心学生的日常生活，为他们的发展成熟创造良好的条件。

（四）大学四年级学生工作重点，以指导性教育为主

1. 大学四年级学生的特点

（1）职业生涯发展问题突出。对大四学生而言，职业生涯发展问题是他们面临的最重要的问题。大学毕业后是选择就业、考研还是出国，这是他们不得不面对的问题。

（2）就业压力大。当前就业竞争日趋激烈，对于打算直接就业的学生而言，如何找到一个适合自己的工作是一个难题。

（3）面临考研问题。对于一些学生而言，是否考研、考什么学校、考什么专业、如何备考以及如果考研失利后怎么办等都是他们要面对的问题。

（4）情感问题。在大学四年中，毕业年级的情感问题最复

杂，尤其在毕业前期。师生情、同学情，大学四年的收获和缺憾，曾经的误会和不满……种种情感交织在一起，构成了毕业年级学生特有的复杂心境。

2. 大学四年级班级管理者的基本工作策略

进入大四，大学生活已临近尾声，学生面临很多很现实的问题，在这一阶段班级管理者有策略地开展工作显得尤为重要。

（1）进一步深化师生之间的感情，加强对毕业生的情感疏导。在学生即将毕业的阶段，班级管理者更要把自己当成学生的好朋友，爱、关心、温暖、合适的指导更有利于工作的开展。毕业年级学生情感世界十分复杂，对一些情感反应强烈的学生和一些因情感反应强烈而出现的不理智问题，辅导员要注意加强疏导，切忌只堵不疏。

（2）指导和帮助学生确立最终目标，主要是考研、就业、出国三者之间的选择问题。对于准备就业的学生，辅导员要多方位帮助和指导学生提高就业能力，端正就业观念，调整就业期望等。对于就业多次受挫的学生，要多帮助其总结经验，多鼓励引导，使其不致丧失信心。针对考研学生，结合备考的不同阶段进行不同的引导。尤其是备考中期，班级管理者必须走近备考学生，通过谈心、分享心得等方式为学生减压，并鼓励其“不抛弃、不放弃”，坚持就是胜利。

（3）帮助学生提高修养。提高修养的目的是为学生步入职场、进入社会奠定基础，以免学生在就业等过程中因为个人修养的问题而遭受挫折。

（4）引导毕业生文明离校，走完大学的最后一程。班级管理者要与学生一起度过这四年的最后时间，可以设计一些活动让学生宣泄情感，同时班级管理者一定要融入学生，让学生感觉班级管理者和他们一样不舍，将和他们一起走完大学最后的旅程。

## 第三节　确定目标

### 一、班级发展规划

组建好班委会之后，就要制定科学的、合适的班级发展规划，为班级管理提供明确的方向和目标。

（一）班级发展规划及其作用

什么是班级发展规划？古语有云：预则立，不预则废，这个“预”可以理解为如今的规划、计划。规划是比较全面的长远的发展计划，是对未来整体性、长期性、基本性问题的思考、考量，并设计未来整套行动方案。班级发展规划既规划班级的大事，如班级四年的发展、班委梯队建设、班级特色建设等；也规划班级的小事，比如成长课堂研讨会、阅读节、学习经验交流会、每月一次的班会等。从这样的角度来看，规划其实是一种思维方式与行动方式，是对“为什么”“做什么”“怎么做”的系统思考，可以帮助我们解决全局性、系统性的问题。

1. 通过规划解决方向与定位的问题，明确“为什么”。“做什么”与“怎么做”，都取决于“为什么”，同样做一件事，同样的做法，价值理解不一样，品质就不一样。关于“为什么”的思考是价值思考，这个思考具有决定性，是贯穿整个规划的制订与实施全过程的。没有价值观的规划，是没有灵魂的规划；

一份好的规划，通篇透出鲜明的价值观，规划中的一切行动都聚焦于价值观，尤其是核心价值观。我们用核心价值观去制定班级大大小小的规划，这些规划从不同的角度丰富着班级的核心价值观，使班级保持着良好的整体状态。规划帮助我们摆脱了点状思维，帮助我们认识了班级与每一个个体的存在意义，帮助我们不断地丰富核心价值观，班级的使命、愿景、学生的成长目标等日益清晰起来，并成为促进学生成长成才的强大动力。拥有强大的价值观，才可以不断地超越自我，走向远方。

2. 通过规划解决内容与项目的问题，明确“做什么”。通过“做什么”回答“为什么”。“做什么”，是规划的主体部分，没有“做什么”，这个规划就是空洞的规划。做这或者做那，选择决定品质。

3. 通过规划解决方法与路径的问题，明确“怎么做”。这样做或者那样做，此时做或者那时做，都是考量“怎么做”的智慧。规划是“做”出来的，没有行动的精神，不抓规划的落实，这样的规划要么是“班长规划”，要么是“纸质规划”：“班长规划”，主体是班长，不能打动普通同学的心；“纸质规划”，最漂亮、最完善，却是海市蜃楼，纸上谈兵。而规划的实施，又不是按图索骥一样的简单程序操作，而是一个反复调整的过程，这种反复调整是一种行动研究。包括做规划本身，也有一个“规划是怎样做出来”的问题。

“为什么”“做什么”“怎么做”的系统思考，是对三者的“一致性”的追求。所谓三者的“一致性”，是指价值、内容与路径的一致性，路径与内容聚焦于价值，价值通过具体的行动体现出来，并得以不断丰富。大学班级管理深深影响着每一个即将走向社会的学生未来的发展，所以班级管理一定要有细致、成熟、可行性高的规划。如何规划班级的发展，如何使班级学生理想更坚定、知识更扎实、生活更多彩、经验更丰富，是班级管理者不可回避的问题。笔者认为一个优秀的可行的班级发展规划，能升华班级同学的集体意识，增强班级凝聚力，引导全体同学朝着共同的目标奋斗。因此，规划应该成为班级管理者的思维方式与行动方式。

（二）怎样制订班级发展规划

第一，解决好班级发展规划“为什么”的问题。如前所述，这个“为什么”就是班级的方向与定位问题，发展规划是班级核心价值观的体现。笔者认为班级核心价值观属于精神层次的班级文化，它的内容包括：以爱祖国、爱学校、爱班级“三爱”为主题，以促进班级的发展和同学的成长成才为根本目的，以社会主义核心价值观为基础，以创新为发展动力。当我们弄清楚了班级发展规划为谁做、为什么做的问题后，我们就能充分把握班级的发展方向，调动班级同学的积极性，解除班级同学思想上的顾虑。

第二，解决好班级发展规划“做什么”的问题。班级发展规划规划什么？这里涉及班级发展规划的内容问题，也是班级发展规划的主体部分，一般包括指导思想、总体目标、阶段目标、现状分析、年度（学期）计划、保障措施、制度建设、经费预算等。

第三，解决好班级发展规划“怎么做”的问题。这个问题涉及的是如何使班级发展规划更具针对性、可行性、科学性。笔者建议班级管理者先在班级中抛出一个讨论大纲，而后由班级分成几个小组进行充分讨论。为节约时间、提高效率，笔者建议以寝室为单位进行讨论，而后把意见汇总起来。经过充分讨论修订后再召开班会，少数服从多数，以集体投票的方式通过。

此外，我们要注意班级发展规划不能因循守旧，它需要因时因地因人不断修改完善，建议每个学期征集意见修改一次。

## 二、班级工作计划与工作总结

要建设管理好班级，需要一个良好的计划，正所谓良好的开端是成功的一半。因此班级的主要学生干部应该在每个学期开学初做好工作计划，并召开主题班会，全面阐述本学期的工作计划，同学们针对工作计划的可行性等提出意见建议，班干部按照所提的建议相应修改计划内容。每学期期末则应做好本学期的工作总结。做工作计划与总结可以从以下几个方面着手。

1. 凸显共同的奋斗目标。共同的奋斗目标是班集体建设的方向，反映全班同学的共同愿望。要求把争创“先进班集体”作为学年目标，从实际出发制定班级总体规划，并有计划、有步骤地提出切实可行的阶段性目标，鼓励学生克服困难，团结互助，携手前进。

2. 营造良好的政治氛围。班级成员认真学习党的理论知识；关心时事，正确认识党的路线、方针、政策；积极参加校、院、班组织的活动，遵守政治纪律。

3. 突出浓厚的学习氛围。班级成员学习目的明确，学习态度端正；遵守学习纪律，热爱所学专业并圆满完成各科学习任务；注重综合能力素质的培养；培养团结、严谨、求是、创新的优良学风。

4. 体现集体主义观念。集体主义是班级工作的灵魂，对班级工作的顺利开展起着巨大的促进作用。班级成员要有强烈的责任心和集体荣誉感，要树立以集体主义为核心的价值观。

5. 培养较强的纪律观念。班级成员能用学校的学生手册及其他各项规章制度严格规范自己的行为。

6. 开展生动活泼、丰富多彩的课外活动。结合青年学生特点，充分发挥每个同学的特长，开展生动、活泼、健康的科技、文化、体育、娱乐等第二课堂活动，寓教于学，寓教于乐，达到锻炼能力、提高素质的目的。

7. 打造坚强的班集体领导核心。班委会与团支部、党支部成员要团结一致，密切联系同学，起模范带头作用，攻艰克难，真正成为班级“自我教育、自我管理、自我服务”的领导核心。

## 第四节　建立制度

### 一、班规班纪

建立班委会、制定发展规划之后，就要有相应的规章制度来规范班级的日常事务和班级成员的行为，即建立制度。

“没有规矩，不成方圆”这句话最能体现班级纪律对于班级建设的重要性。完善的班级纪律是班级学风建设、班风养成、班级战斗力提升的重要保障。班级纪律包括课堂纪律、考试纪律和宿舍纪律三大方面内容。

课堂纪律一般都按照学校的要求执行，例如迟到、旷课应当如何处理等，相关班委按照学校要求执行即可。但有时班级纪律并不能达到学校的要求，这时应当采取一些特殊的方法来处理，例如在学校要求的基础上使班级纪律严格化，并与任课教师沟通，建议其在课前点名，以约束学生遵守课堂纪律；遇到旷课等缺勤非常严重的学生可提请学校进行处分，同时建议任课教师将课堂点名情况纳入考核内容中，以警示不遵守规定的学生。

考试纪律不但体现着学生的品德及诚信，更决定了学校的校风，左右着学校的发展。从以往的经验来看，一个学校若考风不好，会迅速反映到学风上，学风不好则影响校风。因此，每个学校都非常重视考风建设，对于考试作弊的学生会给予严厉惩罚。班级平时要做好考场纪律教育工作，考试前应当让学生签署《诚信考试承诺书》，并在考试前提醒监考教师当场宣读考场纪律，在考场黑板上写明考试注意事项及考试作弊后果，时刻提醒同学不要作弊。

宿舍纪律是指学生在宿舍区的纪律。大学时间相对较多，学生休息主要在宿舍，所以宿舍纪律对学生有着很大影响。学生宿舍一般有专门的人员负责管理，但一幢楼里毕竟不可能有太多的工作人员流动监督，所以诸如学生是否按时归宿、晚间是否按时熄灯、宿舍卫生是否按时清扫、出现特殊情况是否能够冷静沉着处理不致出现骚动等都较难以控制。因此，班级一定要制定一套宿舍规定，并对规定内容进行充分解释，虽然不一定能够起到巨大的作用，却也是一种防患于未然的措施。

在班委实际工作过程中，较为严厉的惩处及限制，由于人情世故或各种关系等原因，班委自己往往难以实施，这时应当学会借助第三方如辅导教师、第四方如任课教师甚至多方的力量来制衡，争取做到各方平衡、各方满意，这也将极大地锻炼当事人的协调沟通及处理解决问题的能力。

此外，班级管理者还应对柔性管理教育进行学习运用，即依据人的心理规律，通过非强制性的方式方法来达到让人们自觉遵守班级纪律、学校规章的目标。

## 二、班级工作监督

### （一）班级民意调查

民意调查是班级管理的重要环节，可以解决让班级管理者为难的问题，使决策变得科学、合理、简单，并被大部分同学理解接受。民意调查可采用问卷调查、访谈调查、网站留言、设立意见收集箱等多种方式。

问卷调查是最常用的调查方法，可以及时地获取真实的信息。班长将班级下一步计划开展的活动或重要事项向班级同学公布并征询意见，如国家英语四、六级考试临近是否有必要搞英语模拟测试、班级出游是去爬山还是去郊野公园等。这些比较细致的问题都可以列在问卷里供同学选择。设计问卷时一定要注意问卷中的选择部分要多于笔答部分，所列问题要按逻辑顺序排列，不要东一笔西一画，并且一般为无记名问卷，只要能够获取信息即可。问卷调查要及时，可以留一些空间给同学考虑，也可以规定完成问卷的时间，这样会督促同学尽快完成这份调查问卷。

访谈调查一般采取随机抽样的方式，通过面对面的交谈获取信息。这种方式可以使采访对象重视该问题，所以一般用在班长或纪律委员和经常旷课、不能按时完成作业的学生的交流过程中。如果用于调查学生意见往往会流于形式。在访谈调查时，有时不必要非常正式，可以在吃饭时和同学交流意见，也可以通过业余活动中的闲聊获取同学的意见。

网站留言可以比较直白地体现学生的意见，但网站留言的前提是班级有自己的网站。网站是班级学生公认的交流平台，学生可以在网站的留言区或论坛进行留言。因为网络是虚拟世界，通过网站留言这种方法收集来的信息是杂乱、夸大甚至虚假的，因此班级管理者要学会分辨，这样才能及时了解班级的真实动态，更好地管理班级。

意见收集箱一般设置在学院或者宿舍楼的明显位置，由班长或者监察委员定期查看。有些学生遇到困难或者对班委有不满意的地方，又没有合适的方式来寻求帮助或表达意见，就可以写成信件投入意见收集箱。这是借鉴政府的信访部门通过接收匿名信来听取民意，是班级民主的一种体现。

（二）班级工作监督

班级工作监督分为自我监督、相互监督、群众监督三种。班委时刻谨记自己的身份，想着为同学们谋利益，为同学服务，不能利用职务之便为自己牟利，这就是自我监督。班委可以相互监督、相互提醒、相互帮助、共同促进，为提高班委队伍的战斗力、为创建一个优秀的班级而努力。班级的主体是学生，学生应该对班级工作起监督作用，这是学生的权利。例如监督班级生活委员管理财务，对班级财务工作有疑问的时候及时提出。班级的监督工作一般可以由监察小组负责。监察小组由一名监察委员和两三名普通同学组成，直接对班级管理者负责，可以直接提出班委工作改进建议，监督工作落实情况。

## 三、优秀班级建设支持计划

经过多年实践，笔者总结出一套优秀班级建设支持计划在此抛砖引玉，以便班级管理者参考。

（一）参加对象

大一、大二、大三年级的所有班级。

（二）考核机构

考核机构由学院党政领导、学院学生工作办公室、团委学生会、专业班导师、学生代表组成。

（三）考核方法

1. 考核分数包括基础分和展示分，即考核分数＝基础分(75％)＋展示分(25％)，考核分数排在前25％的班级则被评为先进班级。

2. 申请参加先进班级评选的班级，由班委向学院提出申请，填写申请表，提交班级陈述书、所获奖励复印件，陈述书应体现考核细则的内容，作为基础分的打分依据。考核机构进行申请材料的初评，并安排班级现场展示的顺序（抽签决定展示顺序）。

3. 基础分包括班风班貌、学习能力与科研能力、学风基础建设、文娱活动与体育素质。根据考核细则，基础分没有上限也没有下限，将各项的实得分数逐项相加即为基础分。

4. 参加考核的班级现场展示可以采用PPT、视频等方式，展示组织架构、团队建设、制度建设、活动开展、工作亮点、所获奖励等情况，展示限时6分钟，由评选小组现场打分。

5. 最终由考核机构综合打分，公布成绩，并为先进班级挂牌。

（四）考核时间

先进班级考核每年3月进行，五四表彰前公布考核结果，并为先进班级挂牌（挂牌统一安排在学院楼明显位置），申请材料提交及现场展示时间将另行通知。

（五）评比具体细则详见附件《先进班级建设考核细则》

（六）奖励办法

1. 获得先进班级称号的班级将获得学院颁发的证书，并挂牌“先进班级”。先进班级可以优先参加校级、省级优秀班级等荣誉称号的评选。

2. 学院将设立先进班级专项班级活动经费，用于班级建设。该专项奖金分两次发放，前期先支付一半，根据班级建设中期考核成绩再支付另外一半，实行财务过程监控，按照项目化方式管理资金。

3. 根据实际情况先进班级可适当增加1—3名学院奖学金名额，考核分数低的班级相应减少名额。

（七）说明

1. 先进班级评选实行动态管理及一票否决制度。被评为先进班级之后，如果不能很好地履行班级建设承诺，发生违纪或者重大责任事故，该班级则自动退出先进班级建设支持计划。

2. 凡是在本学年内有下列现象之一的班集体，不能参评先进班级：

（1）班级学生学习必修课重修率超过20％或不及格率超过50％（含50％）。

（2）各项考试中有作弊者。

（3）班级未经批准擅自组织集体外出。

（4）班级出现打架、斗殴等重大不良事件。

（5）班级出现其他重大安全责任事故。

**先进班级建设考核细则表**

| 一级指标 | 二级指标 | 评分细则 | 考核方式 | 自评分 | 考核分 | 备注 |
|---|---|---|---|---|---|---|
| 班风班貌 | 一、班级制度建设及班级团支部组织建设 | 1. 有班级计划及班级总结，得2分。<br>2. 有健全的班级制度和完善的班级发展规划，得2分。<br>3. 班级团支部有健全的组织生活制度，注重思想政治教育引领工作，有主题团日活动，班级学生勤奋好学，班风优良，得2分。主题班会出勤率低于80%，扣2分。<br>4. 有班徽、班旗、班歌、班服、班级公约、班训，每项各加1.5分。 | 材料及记录考核 | | | |
| | 二、班级团支部工作开展 | 1. 认真开展班级团支部工作，定期开展各项团日活动，活动有特色、有教育意义、有影响力，得3分。<br>2. 班级同学关心时事，积极向党组织靠拢，递交入党申请书人数达到全班学生总数的95%，得2分。<br>3. 班级同学成为预备党员，每人次加3分，转为正式党员每人次加4分。<br>4. 班级举行的大型（班级80%以上人数参加）文娱活动（如志愿服务、社会实践、各类球类比赛等），每次加1.5分。 | 材料及记录考核 | | | |
| | 三、班级获奖情况 | 1. 班级荣获国家级、省级、校级、院级先进集体称号，分别加10、8、6、4分。<br>2. 宿舍荣获国家级、省级、校级、院级文明宿舍称号，分别加8、6、4、2分。<br>3. 班级同学荣获国家级、省级、校级、院级先进个人称号，每人每次分别加4、3、2、1分。 | 材料及记录考核 | | | |

续表

| 一级指标 | 二级指标 | 评分细则 | 考核方式 | 自评分 | 考核分 | 备注 |
|---|---|---|---|---|---|---|
| 班风班貌 | 四、思想政治与道德品质 | 1. 班级团体积极参加社会公益活动（如赈灾、捐款、捐物等），每次活动加2分。同学个人参加社会公益活动（如志愿支教、校院级红十字会及青年志愿活动、校图书馆志愿服务），每人每次加0.5分。<br>2. 报名参加义务献血且被采集者，每人每次得1分。<br>3. 同学受到院级及以上通报表扬，班级加2分。同学受到留校察看、记过、严重警告、警告、校级通报批评、院级通报批评处分，每人每次分别扣10、8、6、4、3、2分。<br>4. 对社会有突出贡献或见义勇为、抢救公共财产等方面有突出表现的，加10分。 | 材料及记录考核 | | | |
| | 五、班级学生干部培养 | 1. 班级同学在校学生会等校级学生组织担任主席团成员及学院主席、团委副书记以上职位的，每人次加6分。<br>2. 班级同学在校学生会等校级学生组织担任部长或学院副主席以上职位的，每人次加4分。<br>3. 班级同学创业并有成效加4分，班级同学担任学院学生会部长级干部（包括副部级）、担任年级工作组成员的，每人次加3分。<br>注：以上各个加分项目可累加，但均得由所在部门出示书面证明，并盖有印章或经指导老师签字认可。 | | | | |

续表

| 一级指标 | 二级指标 | 评分细则 | 考核方式 | 自评分 | 考核分 | 备注 |
|---|---|---|---|---|---|---|
| 学习能力与科研能力 | 一、德智体综合测评 | 1. 班级获得校优秀学生综合奖学金的人数占全班人数的18%以上，加10分；获得学院奖学金的人数占全班人数的10%以上，加6分。<br>2. 班级平均学分成绩绩点超过2.8，加5分；超过3.0，加10分。班级同学综合测评成绩绩点超过2.8，加5分；超过3.0，加10分。<br>3. 班级同学不及格（按学期计算），每人次扣0.5分。<br>4. 班级同学重修，每人次扣2分（按学期扣分）。 | 材料及记录考核 | | | |
| | 二、班级同学资格等级考试 | 1. 全国大学生英语四级考试累计通过率在90%以上，加5分。一次性通过率在80%以上，加5分。全国大学生英语六级考试累计通过率达70%，加8分。<br>2. 全国大学生计算机等级考试二、三级通过率达60%，加5分；全国大学生计算机等级考试二级通过率达80%，加8分。<br>3. 获得其他国家专业资格证书，每人次加2分。 | 材料及记录考核 | | | |
| | 三、班级参加科研实践、竞赛 | 1. 集体或个人参加竞赛（如SRTP、创业大赛、科研学术、发明创造等科研实践）获院级一、二、三等奖，分别加3、2、1分，其他奖项加0.5分。<br>2. 集体或个人参加竞赛获校级一、二、三等奖者分别加5、3、2分，其他奖项加1分。<br>3. 集体或个人参加竞赛获省级一、二、三等奖，分别加6、5、4分，其他奖项加2分。<br>4. 集体或个人参加竞赛获国家级一、二、三等奖，分别加10、8、6分，其他奖项加3分。<br>5. 班级同学参加“三下乡”社会实践活动，个人或集体参加竞赛活动，每人每次加0.5分。 | 材料及记录考核 | | | |

续表

| 一级指标 | 二级指标 | 评分细则 | 考核方式 | 自评分 | 考核分 | 备注 |
| --- | --- | --- | --- | --- | --- | --- |
| 学习能力与科研能力 | 四、班级发表学术论文 | 1. 在公开出版刊物上发表学术论文或文章，国家级刊物每篇加6分，省级刊物每篇加4分，其他刊物每篇加3分，校级刊物每篇加2分，院级刊物每篇加1分。<br>2. 社会实践论文获得院级一、二、三等奖，每篇分别加3、2、1分；获校级一、二、三等奖，每篇分别加4、3、2分；获省级一、二、三等奖，每篇分别加6、5、3分；获国家级一、二、三等奖，每篇分别加10、8、6分。同一篇论文重复获奖不累加，取最高分。 | 材料及记录考核 | | | |
| 学风基础建设 | 一、班级宿舍管理及宿舍评比 | 1. 在学院文明宿舍评比中表现突出，每次按月统计，总分位于前七名的宿舍，每个宿舍当月可给班级加3分。<br>2. 获得学院文明宿舍称号的宿舍加6分，获得学校文明宿舍称号的宿舍加10分。<br>3. 学校检查宿舍不合格，每次给班级扣2分；检查床位不合格，每次给班级扣1分。 | 材料及记录考核 | | | |
| | 二、课堂及晚自习出勤率 | 1. 上课无故迟到或早退，每人次扣0.5分。<br>2. 旷课每人次每节课扣3分。<br>3. 晚自习无故缺席，每人次每节课扣0.5分。<br>4. 在正常学习时间被抽查到玩电子游戏，每人次扣1分。<br>5. 无故不参加会议或公益性、集体性活动等，每人次扣1分。 | 材料及记录考核 | | | |
| | 三、自觉遵守大学公寓规章制度 | 1. 有晚上未经请假擅自离校彻夜未归者，直接取消班级评比资格。<br>2. 未经允许私自留宿外来人员，每人次扣8分。<br>3. 有使用违规电器（如电饭煲、电热棒等）者，直接取消班级评比资格。 | 材料及记录考核 | | | |

续表

| 一级指标 | 二级指标 | 评分细则 | 考核方式 | 自评分 | 考核分 | 备注 |
| --- | --- | --- | --- | --- | --- | --- |
| 文娱活动与体育素质 | 一、班级文娱体育素质 | 1. 班级学生体育合格率在95%以上，加5分。 | 材料及记录考核 | | | |
| | 二、文娱、体育竞赛 | 1. 参加年级文娱、体育（如征文、朗诵、体育比赛等）活动获团体第一、二、三名，分别加3、2、1分；获个人第一、二、三名，分别加2、1、0.5分。<br>2. 参加学院文娱、体育活动获团体第一、二、三名，分别加4、3、2分，其他奖项加1分；获个人第一、二、三名，分别加3、2、1分，其他奖项加0.5分。<br>3. 参加校级文娱、体育活动获团体第一、二、三名，分别加5、4、3分，其他奖项加2分；获个人第一、二、三名，分别加4、3、2分，其他奖项加1分。<br>4. 参加省级及以上文娱、体育活动获团体第一、二、三名，分别加7、6、5分，其他奖项加3分；获个人第一、二、三名，分别加6、5、4分，其他奖项加2分。<br>5. 集体或个人参加竞赛获国家级一、二、三等奖，分别加10、8、6分，其他奖项加3分。<br>6. 集体或个人参加学校、学院、省级文娱体育活动，每人每次加0.5分。 | 材料及记录考核 | | | |

# 第五节　细分项目

## 一、班级学风

学风是一所大学的灵魂，是大学生存与发展的根本支柱。大学的根本任务是培养德智体美劳全面发展的社会主义建设者和接班人。因此，大学学风建设的一项重要内容是引导学生树立正确的学习观，养成科学严谨的治学态度，使学生完成自我人格的塑造。大学生的一个核心任务就是学会学习，学风建设是班级建设的重中之重。

（一）大学学习的特点及要求

1. 自主学习

自主学习是指学习者在确定学习目标、选择学习方法、监控学习过程、评价学习结果等方面进行自我设计、自我管理、自我调节、自我监控、自我判断、自我评价和自我转化的主动学习过程。大学的学习更强调学生的自主性和主动性。所谓的自主学习，不只包括自觉主动，更包括对学习方法的探索和对学习的定位。大学毕竟不同于中小学，自由的学习环境往往容易使人迷失自我，所以同学们要确定学习目标，制订学习计划，学会合理安排、分配时间，真正成为学习的主人。

2. 合作学习

古话说“独学而无友，则孤陋寡闻”，许多同学也认为“大学就是大家一起自学”，这是有一定道理的。如果说高中的学习更多是一种竞争性学习，大学的学习则可以说是一种合作性学习。一方面，大学涉及的学习内容异常广泛，一个人的视野毕竟是有限的，因此分享彼此的学习收获可以凝聚大家的智慧。另一方面，大学的许多学习任务是需要大家合作完成的，尤其是一些研究性任务，需要大家分工合作才能完成，因此同学们要养成合作的习惯。

同学之间的相互学习有时候比老师的教导更珍贵。因为大学老师的时间毕竟有限，没有太多的机会与学生进行深入而广泛的交流。而同学们却朝夕相处，而且都是同龄人，类似的成长经历和面临相同的问题，容易使大家产生共鸣。因此，班级要建立公共邮箱或QQ群、微信群，学院要建立学院邮箱和教师邮箱，以便及时沟通交流、寻求帮助、分享资源。

3. 批判性学习

大学学习与高中不同，高中学习的基本是定论的知识，学生以接受为主要学习方法，而大学除了传授一些定论的知识外，还会向学生介绍学科的发展前沿，介绍有争议的内容，因此，大学生不能被动地接受知识，需要学会独立思考，批判地吸收知识。当然这个转变需要时间，就好比当惯了听众，突然要变成演说家，难免一时语塞。不善于提问与质疑已成为应试教育的严重后遗症，这是大一学生需要突破的一大关卡。

4. 探究性学习

大学在传授知识的同时，更需要培养学生的能力，尤其是探索未知领域的能力。因此大学生在学习时不能仅仅满足于接受现成的知识，更要养成深入探究的习惯与能力。要搞清楚所学知识的来龙去脉。对于一个定理、公理、理论，要搞清楚其产生的背景、提出的过程、适用的范围和局限性、经历了怎么样的发展和演变、哪些学者对其进行过补充、修正或批判等。

5. 创造性学习

大学教育是为未来培养国家发展所需要的人才，尤其是创新型人才。因此，在大学期间培养学生的创新创造能力特别重要。大学生可以通过创造性的学习培养创新精神和创新能力，具体途径包括一题多解、设计实验方案、用新的理论解释客观现象、写读书报告和综述报告、完成专题报告和参加科研实践等。

（二）大学学习的主要内容

大学学习的主要内容包括三个层面：第一，系统化掌握专业知识，这是立身之本。第二，掌握相关知识，完善知识结构，这是大学精进之道。第三，全面提高个人综合素质，培养个人职业核心竞争力。大学生不仅要学习专业知识，还要学习生活知识；不仅要学习科学研究的方法，还要掌握生活的方法；不仅要增长知识，还要锤炼性情、增长智慧。

新时代教育的四大支柱：（1）学知（learning to know），就是学会求知的能力，也就是掌握认识世界的工具。要学会广博与专精相结合，由博返约的学习方法。（2）学做（learning to do），就是学会在一定环境中工作的能力，善于应付各种可能出现的情况。（3）学会共同生活（learning to live together），就是要学会关心、学会合作、学会竞争、学会团结。（4）学会生存和发展的能力（learning to be），就是要学会适应环境以求生存、改造环境以求发展的能力，充分发展个性，增强自主性、能动性、创造性和责任感。把求知与学做、做事与做人、广博与专精、社会与个人综合于人的全面发展之中作为学风建设的内容和目的，这体现出新时代大学教育理念的综合化、人本化和主体化。

在大学班级日常工作中，班委应当保证能够及时获得学习方面的最新信息，安排好日常考试，计算机、英语等级考试，各类竞赛，各类讲座与兴趣爱好学习等学习内容。

（三）班级学风建设的主要途径

班级学风，通俗地讲是班级学习的风气。从学生的角度讲，班级学风是班级学生思想作风在学习上的具体体现，是学生在学习方面所展示的精神、态度、风格、方法和习惯等要素的综合体现。因此，学风包括了学习精神、学习态度、学习品格、学习方法、学习习惯、学习效益、学习环境等方面。学风问题不仅涉及获取知识和技能的途径问题，更关系到学生优良品格的形成问题。

班级学风建设需要“教、学、管、奖”并进，而且必须坚持不懈，持之以恒。

推进学风建设首先要考虑的是教师如何将学生吸引到课堂上去，这就是“教”的问题。要提高“教”的质量，就要加大引进人才的力度、对一线教师的业务培训力度，鼓励教师开展教学研讨工作。另外，要逐步形成针对教师教学的考核考评制度，对教师的责任心、教学态度、教学水平等进行评价。学校教务处每个学期都应组织学生对教师的教学效果开展评价，将结果反馈给教师，对评教不及格的应有一定的约束机制。这样才能激励和约束教师规范教学行为，以高度负责的态度为学生传授知识，并不断提高教学水平。

推进学风建设其次要考虑的是“学”的问题，也就是学生的学习主动性问题。在实际工作中，我们会发现学生群体具有鲜明的特点，他们思想活跃，对于参与社会工作等有很高的积极性，但也因为对专业不感兴趣、自控能力较低、基础薄弱等问题，其学习热情容易受到影响。针对上述情况，笔者建议班级管理者深入调研，对症下药。班级管理者，特别是辅导员和班主任要充分利用各种思想政治工作方法把握学生的思想动态，因势利导，打消学生顾虑。如果是专业兴趣的问题，可以邀请专业教师开展“认识大学、热爱专业、端正态度”“认识自我、关爱自我、明确目标”“我看大学的方方面面”等方面的讲座或咨询活动，教育的内容包括专业动态与前景、人格倾向和心理调适、职业生涯规划、人与社群等。此外，班级管理者还应在奖励机制上做文章，所谓重赏之下必有勇夫，要抓住奖学金评定这项工作，努力营造你追我赶的学习氛围。关于奖学金的评定工作，要打破以班级为单位的平均主义，以同年级同专业的所有学生为竞争单位，这对营造良好学风大有好处。针对学风优良的班级，可以给予精神方面和物质方面的奖励，促进其良性循环。

另外，还要特别注重建立一套可行的管理制度。管理制度因人因地制宜，比如可以进行班级间的学风建设评比；可以建立以党支部、团委、学生会、班主任、学生助管、学生党员等为主的一支抽查队伍，定期不定期抽查课堂和宿舍，将抽查情况认真翔实记录下来，并直接与班级和个人的奖惩挂钩。

学风建设要真抓实干，切忌走过场；要有打持久战的思想准备，并为之建章立制；要不断分析学风建设中的新情况、新问题，并实事求是地采取相应的措施；各个学校情况不同，抓学风的办法和着力点也不大相同。班委会抓学风的具体办法如下：

1. 加强学习，强化意识，可以召开主题班会、就业形势分析会等。

2. 交流经验，传授方法，可以开展高低年级互动交流等。

3. 互助互学，共同进步，可以成立“互帮、互助、互教、互学”的手牵手小组，使用团队和集体的力量。

4. 积极组织策划与学习相关的各类活动和竞赛，如英语竞赛、征文比赛、书画大赛等。

此外，针对不同年级可采取不同的措施加强学风建设：

1. 关注班级易挂科同学：大一、大二阶段，高等数学、大学物理、概率论、线性代数等科目是较容易挂科的科目，班委可以根据考试的题型及考察重点，组织学习小组帮助班级中挂科的同学进行强化复习。大三、大四阶段，由班级成绩较优秀的同学自愿报名，为成绩靠后的同学提供以强带弱的一对一的帮助，可一起自习、帮助答疑等，起到监督促进的作用。

2. 宿舍学习：可在班级中设立宿舍奖学金制度，每学期期初对上学期平均绩点最高的宿舍给予一定的资金奖励及德育分奖励。这样可以使宿舍成员互相督促，营造良好的寝室学习风气，宿舍成员互相影响、互相学习，以便共同成长、共同进步。

3. 集中学习：大一、大二阶段，采取强制性晚自习制度，固定一个教室作为班级晚自习教室，每周规定四天晚上作为晚自习时间，采取统一签到签退措施，如需请假须提交请假条，且一周请假次数不得超过三次。大三、大四阶段，班级同学自由进行晚自习，但建议或硬性要求学习成绩靠后且自制力不强的同学每周至少有三天集中在一起自习，由班长或其他班委监督，必要时可建议强制上交手机。

4. 设立班级学习微信公众号：大一、大二阶段主要推送各个科目的作业完成提醒、计算机等级考试、英语四六级考试倒计时等信息；大三、大四阶段，主要针对考公务员、考研、就业、学习这四个方面发布相关资讯及文章，为有不同需要的同学提供便利。运营成熟后，可以对外宣传推广。

## 二、班级财务

班级财务由生活委员负责管理，班级全体同学对班级财务有监督权和质询权。为了更好地管理使用班费，需要注意以下问题。

1. 班费的来源

班费主要来源于同学们的定期交纳。班费交纳时间一般为每个学年初，所交金额由班委讨论决定，原则上要求班级的每个成员都交纳班费。若有可能的话，班费也可以通过同学们力所能及的方式获得，以减少同学的资金压力。比如可以由生活委员与班级外联合作，通过向社会拉赞助获取一定的班费；或者生活委员定期在班级内部或者宿舍所在楼层回收废品变卖，所得金额也可以充当班费。

2. 班费的使用

班费主要用于班集体活动及其他涉及班集体利益的地方，

其使用权基本上由班委会讨论决定（小金额使用可由生活委员自行决定），大型班级活动（参与人数在本班总人数的80%以上）的班费须由全班同学讨论决定。班级日常的打印、复印材料可以向部分固定的商店长期购买，签单登记，定期结算，争取最优惠价格。

3. 班费的登记

生活委员在管理班级财务时要及时登记，登记内容包括：收入时间、支出时间、支出项目（经费用途）、支出金额（物品的单价和数量）、负责人（签字）、班费结余、备注（其他需要注明的事项）。登记时，纸质版和电子版同时记录。

4. 班费的报销

所有用于班集体活动的费用，都可以直接向生活委员报销。对于较大金额，生活委员须向班委会或班长汇报。所有报销都要有发票或收据。生活委员要保留好这些发票或收据，以便留底备查。

5. 定期公布

本着公开透明使用的原则，班级财务要定期公布。公布时间间隔视具体使用情况而定，可一个月公布一次，也可以一学期公布两次。公布方式为班级QQ群、微信群或公共邮箱及班级宣传栏等。

6. 班费监督

在公开透明的基础上，班级可以在QQ群、微信群等专门开辟关于班费使用的信息反馈平台，及时收集大家的意见和建议，接受大家的监督。必要时可以召开班会进行讨论，探索最适合的班级理财方案。

总之，班费虽少，却关系着学生的情感。因此，班费使用要坚持一个原则：取自于学生，用之于学生，该用的必须用，不该用的一分不用，禁止少数学生利用班费吃回扣，吃喝庆祝，铺张浪费。生活委员应注重细节，养成良好的习惯，及时建立好班级财务收支记录，做到随时可查、查有票据。

## 三、班级的奖、勤、助、贷

班级的奖、勤、助、贷管理工作是班委日常工作的重要组成部分。奖、勤、助、贷的管理涉及同学的切身利益，应当坚持公平、公正、公开的原则，依据相关文件来开展工作。

顾名思义，奖、勤、助、贷分别指的是奖学金、评优，勤工助学，助学金，助学贷款等。其中，奖学金可以分为国家奖学金、高校自行设立的学校奖学金等；助学金也可分为国家助学金和高校自行设立的学校助学金等；助学贷款主要有两类，分别是国家助学贷款和生源地助学贷款。

不同的高校管理奖、勤、助、贷的具体办法会存在细微差别，但基本的指导思想和操作方法是一样的。主要依据是财政部、教育部印发的《普通本科高校、高等职业学校国家奖学金管理暂行办法》，教育部、财政部印发的《国家奖学金评审办法》，财政部、教育部印发的《普通本科高校、高等职业学校国家励志奖学金管理暂行办法》，财政部、教育部印发的《普通本科高校、高等职业学校国家助学金管理暂行办法》，教育部、财政部印发的《关于认真做好高等学校家庭经济困难学生认定工作的指导意见》，教育部、财政部印发的《高等学校勤工助学管理办法》，中国人民银行、教育部、财政部印发的

《关于国家助学贷款的管理规定（试行）》，财政部、教育部印发的《高等学校毕业生国家助学贷款代偿资助暂行办法》等文件。

每所高校负责奖、勤、助、贷工作的学生管理部门都会依据教育部等部门的指导意见设立一个实际可行的操作体系。班委工作时只需按照这个操作体系来执行，有不太明白的地方咨询相关部门老师即可。很多成熟的高校都会设立奖、勤、助、贷的网络办公系统，这大大减少了班委的工作量，提高了办公效率。

班委开展奖、勤、助、贷管理工作时要注意方式方法：首先应按照文件通知要求及时下传信息；其次是根据实际情况进行评选，要充分体现民主和集中，切忌走过场及徇私舞弊；再次，要及时公示评选结果，接受广大同学的监督；最后，汇总材料要及时上报。

## 四、班级文体活动

为加强班级成员之间的沟通交流、活跃气氛、缓解学习压力，形式多样的班级活动必不可少。文体活动既是学生课余放松解压的休闲形式，又能为忙于各自学习的学生提供人际交往、接触社会的实践平台，还是学生展现自我风采的大舞台，更是培养学生审美修养和文明素质的课堂，有利于增强学生的意志力、进取心和荣誉感，促进学生的全面发展。班级文体活动可以丰富班级学生的生活，增强班级学生的集体归属感，有利于学生之间建立良好的关系，让同学们热爱共同的“家”。定期举办班级活动，对班级的发展有着不可忽视的作用。

开展班级文体活动，要尽量事先做好调研，结合实际情况，弄出新花样来满足同学的好奇心、上进心和求知欲。班级活动有集体出游、体育比赛、电脑游戏竞技比赛、晚会、K歌大赛等多种形式，每种活动产生的效果不同，起到的作用也不同。班级管理者要了解每种活动适合在什么时候举行，能达到什么样的效果，要懂得利用班级文体活动来化解班级矛盾。

集体出游指的是旅游活动，可以游览风景名胜，感受自然和文化的魅力，或者开展一些户外拓展活动；也可以选择机动游戏，选择附近的游乐场及主题公园等；还可以选择好的地点烧烤露营，安排一些游戏及奖品等。集体出游可以增强班级学生的集体归属感，增进彼此之间的了解，比较适合班级刚形成时学生间的交流以及学习疲惫时放松心情。决定出游之前应做好问卷调查，列出候选地点及每个地点的特点、费用等情况介绍，建议列出2—3个候选地点。出行前一定要告知主管教师，履行一定的离校出游手续，得到批准后再离校，并时刻注意安全问题。此类活动应使尽可能多的学生参加，花费应在班级学生能接受的范围之内，否则将导致参加人数太少以致失败。确定出游地点后，应当由班费出资派遣组织委员及文体委员共同前往活动地进行实地考察，制定路线，核算价格，确保安全，做好准备工作。

与集体出游活动不同，体育比赛不需要很多时间来进行准备工作，只需要先通过问卷调查确定学生希望举办的比赛项目，然后视具体情况决定是否举行该比赛、何时比赛、在哪比赛、比赛如何分组以及准备工作如何分工等。羽毛球、篮球、乒乓球、踢毽子、拔河等都是非常容易实施的体育比赛，以宿舍为单位或自由组合进行比赛，能够使学生在紧张的学习之余放松身心，锻炼身体，养成爱运动的好习惯。

电脑游戏在大学中受到广泛的欢迎，尤其受男同学的欢迎。电脑游戏竞技比赛实施起来较为简单，只需要在游戏的选择、规则的制定以及人员的安排上花些时间即可。电脑游戏竞技比赛应该选择学生喜欢且容易分出胜负的游戏，比赛在宿舍里即可进行，无须多余的场地，真正省时、省力、省钱。

晚会是大学生庆祝节日、释放压力、调节心情的不错选择。举办晚会可以使班级气氛拉到高潮，增强班级凝聚力。举办班级晚会要选择恰当的时机，如中秋、元旦等。另外，晚会不能频繁举办，每年一到两次最好。晚会可以多加入一些互动的节目，例如模仿秀、现场演奏、街舞、音乐剧、相声表演等，具体节目形式和内容可以参考国内外的娱乐电视节目和杂志。

## 五、班级实习与就业

学生的实习与就业是班级工作后期的重中之重，班级管理工作应该将学生的实习与就业纳入工作计划并为之努力。

班级学生的实习与就业是密不可分的关系。班级外联组可以提前在班级内进行就业意向调查分析，组成考研小组、考公务员小组、直接就业小组等。其中，直接就业小组还可以再次细分，比如国企就业、外企就业、大型民营企业就业等。实行小组长责任制，可以用团队的力量更好地安排实习单位，有的放矢地开展就业促进工作。只有将班级的外联工作、学校的就业指导及学生的努力结合起来，使实习与就业真正成为班级工作的重点，才能取得更好的成效。

## 六、班级安全与突发事件应对处理

### （一）班级学生安全

学生人身安全大体可分为校内安全与校外安全。校内安全是指学生在学校内的安全，如防火、防电、防盗等；校外安全是指旅游交通安全、财物安全、野外实习安全等。

大学生离家在外，除了正常的休息和上课在学校，其他时间如课余、寒暑假、国家法定假日等大部分时间都将离开学校。为了增强学生的自我保护意识，明确出现问题时的责任关系，班委不仅应提醒同学注意假期安全并组织同学签署假期安全承诺书，更要在平时多注意宣传危险情况下正确的自我保护方法，争取使班级同学都懂得在遇到火灾、地震、抢劫等突发紧急情况时进行自救的方法。班委还应该做好离校人员信息的跟踪工作，及时统计、汇报同学离返校情况。

班委应提醒同学平时留心宿舍、教室附近的消防设施分布情况，确保发生灾情时能及时、准确找到相关消防器材。班委也可邀请消防队或学校保卫部门为班级学生现场演示如何正确使用消防器材灭火，邀请公安局相关人员为班级学生讲解遇到诈骗、偷盗、抢劫等犯罪行为时应采取什么措施。这些方法都能避免班委讲解的枯燥及个别知识的遗漏，可以激发学生的兴趣，使学生更容易理解，以便学生遇到危险时进行有效自救。

对于防火防电安全，班委（安全委员）应每周或每月对本班级学生宿舍进行安全隐患排查，严禁学生使用违规电器。对于日常疾病的防护，设置班级小药箱，准备各种常用药，可满足班级同学突发疾病的应急之需，也可减少班级同学生个小病就跑药店的麻烦。班级小药箱由生活委员保管，生活委员应注意小药箱中药品的及时补充和更新，防止出现药品过期的现象。

（二）突发事件的应对处理

突发事件是突然发生，造成或者可能造成严重伤害，需要采取紧急处理措施予以应对的自然灾害、事故灾难、公共卫生事件和社会安全事件。突发事件在大学中并不常见，但是一旦发生就将产生较大的影响，比如突然停电、地震，突发传染病、火灾、台风等，这些事件不可事先预测，事先也不一定会有征兆，因此突发事件考验着班级管理者在紧急情况下处理问题的能力。

各个高校都有一套成熟的突发事件的应对处理方案，归结起来，要遵循以下原则处理突发事件：

1. 临危不乱，稳定人心：遇到突发重大事件，领导者首先不能乱，其次是稳定人心，迅速制定对策，并成立班级安全小组快速实施，及时上报情况，请有关部门及领导快速决断。

2. 生命第一：遇到危及生命的突发事件时，一定要遵循生命第一的原则尽快实施救助，一切都要以救援为中心。

3. 手机 24 小时开机：班长作为班级主要负责人，要时刻保持通信畅通。

4. 遇到紧急突发事件时，班干部一定要保持冷静的头脑，有序地组织人员撤离或躲避，要发挥学生干部的模范带头作用，保持党员的先进性，一切以学生的生命、利益为重。

由于突发事件具有不可预期性，它的发生经常让人措手不及，因此班级管理者在平常的生活中应当关注并掌握班级每一个成员的动态，要特别关注经济困难、学习困难、心理困难的学生，确保有突发事件发生的时候不会慌张无措，处理及时得当。

## 七、主题班会

主题班会是指具有鲜明主题的、以班集体为单位的教育活动。它是班级管理的重要形式，是班委会或辅导教师对班级进行教育的有效手段。主题班会既有利于提高学生的思想政治觉悟，增强班级的凝聚力，形成良好的班风；又能给学生提供施展才华、展示风采的平台，拓宽学生进行自我教育的空间，更好地促进学生的个性发展。

主题班会的形式多种多样，内容丰富多彩。要召开一个成功的主题班会，并非易事。

### （一）主题班会要有明确的主题

召开主题班会应根据不同的时期，不同的年级、专业、班级，学生的思想情况，并结合不同阶段的形势和学校整体的部署，确定富有针对性的主题，对学生的思想进行正确的引导。如新生入学时可以开展适应大学生活、新生入学教育、撰写入党申请书等主题班会；学期末可以开展做好期末复习的主题班会；针对大四毕业生，可以就模拟企业现场招聘、就业指导、简历制作、面试技巧等主题开展班会；也可以结合当前热点召开主题班会，如开展“关于自贸区，你了解多少?”的主题班会；还可以开展以感恩、责任、诚信、大学生十大不文明行为、防盗防骗等为主题的主题班会。

（二）主题班会的形式

开展主题班会不能流于形式，要有创意。如采用班级同学轮流主持的方式，充分发挥同学特长，给同学展示自己的机会；采用以娱乐为主的方式，如观看视频；采用报告的形式，在条件允许的情况下，可以请一些知名的教授或者老师来开展主题班会，也可以请高年级学长学姐甚至保研的同学传授一些好的学习方法和技巧；采用现场互动的形式，如开展以大学生礼仪为主题的班会就可以采取现场互动的方式，让同学们学有所用，不至于觉得枯燥无味；采用汇报的方式或经验交流的形式，如同学参加主题班会交流暑期社会实践的成果和体会，不仅可以增强他们的自豪感和成就感，更能激发其他同学的积极性。

（三）主题班会的开展

确定好内容和形式之后，最重要的就是开展主题班会的过程。主题班会的负责人应该明确主题班会开展的时间、地点、流程，做好调节现场气氛等一系列预案，这样才能保证主题班会的顺利开展。

（四）主题班会的总结和备案

主题班会结束后，组织者或班委要做好总结和备案工作。总结主题班会的优点和不足，为下次主题班会的开展积累经验。同时做好主题班会的备案工作，记录班级成长的过程，为以后做毕业相册或毕业回忆录积累素材。

## 八、加强和改进导师制工作

在大学班级管理过程中，如何处理专业指导与日常教育的关系呢？在传统教育模式下，大学一般将本科生导师定位为对大学生进行专业指导、研究训练的老师。这种以学业为主导的模式与作为学习共同体的班级的理念是内在相连的，考虑到了大学生作为学习者的需要。但是，这种模式忽略了专业指导与日常生活的联系，现如今的情况是，虽然同学们在大二下学期就选好了导师，但直至大四要写毕业论文时才与自己的导师联系。这种模式没有看到大学班级既是一个学习共同体，也是一个生活组织，导致现有的导师制难以充分发挥其教育功能。大多数大学生认为导师能够关心自己的专业学习，但对日常生活、思想意识方面的关注不够。一项调查显示，多达98.4%的大学生希望导师能够积极参与、融入自己的学习、生活。因此，在以生为本的大学班级管理中，需要切实推进导师制，将教书与育人、教育与管理结合起来，建立基于学生日常生活的长效人生教育机制，让导师积极主动地融入大学生的日常生活，以改变现存的限于学业指导的事务性师生关系。

其具体策略是：让导师在对学生进行专业指导、学业管理的同时，也进行一定程度上的生活管理，而这一切都是基于对学生日常生活的了解之上的。导师的工作应该以学业指导为主线，以学生为中心，培养大学生自我学习、自我教育的能力，适当引导大学生进行探究性、研究性学习，同时辅以思想引导、生活指导、人生导航等。在大学生就业竞争压力大的情况下，本科生导师尤其要关注对学生的成长指导和职业生涯规划指导，最终让学生在与导师的日常交往中学会学习、学会求知、学会生活、学会做人。通过对大学生日常生活的介入，导师可以整合来自各方面的教育力量，对学生的学、识、行进行全方位指导和个性化教育，做学生成长的引路人，进而超越现有的师生之间的日常管理关系，最终形成一种基于师生关系的长效人生教育机制。为了与这种机制相配套，大学也要从制度保障、导师选择、物质支持、资源调配等方面对导师制的运行进行有效支持与督导。

由于一个导师一般只带七八个最多十几个学生，所以一个班级中很多同学都拥有不同的导师。班级同学平时应主动与自己的导师联系沟通，获得老师的指导和建议，班级同学还可相互沟通交流导师给的建议，共同进步。

## 第六节 注重宣传

### 一、班级宣传

班级的知名度体现着班级的综合实力。学生学习好不好，计算机和英语等级考试通过率高不高，班级学生参加活动是否活跃，班级生活是否丰富，班级学生是否团结，班级在院系中有多大影响力等，这些指标构成了班级的综合实力。一个综合实力高的班级不一定名气大，最主要的原因就是缺乏有效的宣传。班级宣传的形式多种多样，可以利用海报宣传，可以利用班旗、班徽和班级口号、班级网站宣传，也可以通过记者采访的方式进行宣传，并积极向学校、学院各类传媒平台投稿。有资源的班级可以利用现有资源进行宣传，没有资源的就要创造资源来进行宣传。

班级宣传栏是班级最固定和最常用的宣传阵地。班级宣传栏是否制作精美、别出心裁，是否及时进行更新维护，对班级的宣传效果影响甚大。

海报宣传是大学中最常见的宣传方式，学校一般都有固定的宣传位置给班级张贴海报。海报宣传按宣传次数划分可分为单次活动海报宣传、系列活动海报宣传。单次活动海报宣传指班级对举办的一个独立活动进行海报宣传，如一次画展、一次晚会等；系列活动海报宣传指对一系列连续的、同一主题的活动进行海报宣传，如企业家系列讲座、体育活动月、爱国爱党爱校系列教育活动等。系列活动海报宣传在第一期宣传之前就要做好整个宣传计划，明确负责人及整体费用，并在每一期宣传海报上注明这个系列活动的总期数及本期数，使观众知道系列活动的进展，尽可能扩大系列活动的影响。

班旗、班徽、班级口号宣传可以看作是一体的，这三者一般在公众场合使用。如校、院、系的优秀班级选举可以使用班旗、班级口号，班级出游时可以使用班旗、班徽，制作班级材料时可以使用班徽。班旗、班徽、班级口号都是班级宣传的一部分，也是班级文化的重要组成部分，对外代表着一个班级的精神风貌。

班歌和班服既可增强班级凝聚力，又可作为班级宣传标志的一部分。首先，班歌可在大一班级成立时选定，要积极向上，充分体现班级特色。可先由班委初步筛选出几首代表性歌曲，再经班级同学投票产生班歌。每次班级活动开始或结束时班级同学齐唱班歌，可较好带动气氛，增强班级凝聚力。其次是班服的制作。班服的款式和图案最好由班级同学来设计，要彰显鲜明的班级特色。在班服上印上班徽也是必不可少的。

当班级举办大型活动或与众不同的具有积极意义的活动时，可邀请当地媒体记者来采访。当地社会媒体的宣传不但有利于将班级、专业的影响扩大到当地，也使学校的知名度有了更大的提高，使活动可以得到更多社会资源的支持。由于这种宣传方式涉及面广、影响大，所以活动之前应仔细推敲活动方案并经过主管教师或领导的批准，这样一来，实施过程中遇到问题也可以请领导帮助协调解决，降低操作的难度。

网络宣传也是班级宣传的重要手段之一。网络宣传成本较低，见效也快，影响的人较多。目前流行的网络宣传形式有班级网页、班级微博、班级公众号等。进行网络宣传时要注意和警惕网络安全问题，不要被不法分子利用，导致恶性宣传效果。网络宣传需要班级同学的积极关注，对班级信息委员的信息技术要求也比较高。

班级宣传的最终目的是提高班级知名度，使班级在同年级竞争中占据优势地位，增强班级学生的自豪感、集体荣誉感。班级宣传还有其他更多更好的方法，其中奥妙还要每个班级管理者去认真体会琢磨。

## 二、网络班级与班级信息平台

### （一）网络班级概述

网络班级是一个新兴的词语，它指的是虚拟的班集体，旨在帮助学校、培训机构提高教学工作效率，利用手机短信、视频、音频等在线沟通工具实现教师、学生、家长之间的高效互动。

网络班级的内容主要包括：1. 相册视频。网络班级的会员可以上传自己的照片和视频到网络班级相册中，以便结识更多的学友。2. 文库。网络班级文库是一个分享知识的地方，网络班级的会员可以上传自己的文稿，经审核通过后可以分享给他人。也可向网络班级其他会员提出疑问，让大家一起解答。3. 论坛。网络班级论坛作为网络班级会员交流的场所，能有效调动大家的兴致，起到活跃氛围的作用。4. 会议。网络班级作为一个虚拟的班集体，也需要适当的管理，因此，把网络班级会员集中起来不定期召开一些会议也很有必要，网络班级会议就应运而生。网络班级的功能主要包括：短信群发、学生档案管理、网络家访、网络家长会、面对面答疑、班级投票、班级百宝箱、过程评价工具等。

易班的兴起是网络班级建设的一项重要举措，易班工作模式主要概括如下：一是建设“一站式”教育管理服务的综合性平台；二是紧抓线上、线下双轨互动；三是秉持“教育为本、服务为主、管理为辅”的工作原则，根据国内外形势、学校发展需要等，有针对性地开展学生喜闻乐见的活动，提升学生关注度和参与度。推进本土化易班建设，打造“校园百事通”手机客户端 APP，完善学生基本信息、生活相关类、服务相关类、学生事务类、学业相关类五大基本功能区，使学生只需简单安装便可以轻松进行学习生活。服务相关类功能区包括生活服务、学习工作、在线班级、校园社区四个版块，手机客户端 APP 有利于学生随时随地登录系统，参与班级管理建设。

（二）班级信息平台的搭建

网络班级与班级信息平台的建设，两者相辅相成。网络班级的载体就是班级的诸多信息平台，而信息平台越丰富，作用发挥得越充分，网络班级建设成效就越显著。

信息传达是否及时、准确无误，影响着正常的教学，也影响着每个学生的学习、生活。班委要做好信息传达工作，保证学校以及班级发布的信息能够及时传达给每个学生。但是大学上课比较分散，有的时候一个班的学生不在一起上课或不在同一时间上课，甚至放假时发布的信息都不能及时地通知到每个学生。因此要保证在任何时候都能迅速将信息传达给每一个学生，就需要建立一个信息传送平台，主要包括班级信息公告板、班级QQ群、微信群、班级网站、班级信箱、班级微博等。如有特别紧急的信息，班委要打电话联系通知本人。

设立班级信息公告板可以基础地解决信息传达的问题。在学生宿舍墙上或者上下楼时学生的必经之地悬挂一块小黑板，有新的通知可立刻写上去，这可以较好地使进出的学生都能够及时获知信息的内容。但这对于分散住宿的班级则不太适用。可以通过班级QQ群、微信群来发布通知。QQ群、微信群简单有效，是发布通知最快捷的方式。通过群的公告栏或群发短信发布信息，可以使信息在较长时间内存留。

有条件的班级也可以自行组织建立班级网站。班级网站除了提供班级成员的基本信息（要注意保护隐私），还可以发布班级最新动态及通知等信息；可以创建留言区，为大家提供交流的平台；甚至可以在班级网站上介绍一些与专业有关的新闻、动态、时政等。在班级网站主页设置滚动公告，学生登陆时就能看到新的公告信息。

微博是一个基于用户关系的信息分享、传播及获取平台，用户可以通过 WEB、WAP 以及各种客户端以文字更新信息，并实现即时分享。通过微博能够实现即时信息的发布，保证信息的时效性。此外，微博不仅能作为信息发布的一个平台，也是班级同学进行交流的广阔天地，同学之间的情感在这里能得到培养和增强。

为避免信息传达的烦冗性和重复性，班长或其班委接到上级下发的通知文件时，应先对文件进行详细解读，再明确分工、建立一套完整的信息传送机制，按照信息的不同种类，选择合适的传达方式，确保责任到人、通知到人。如一般的教学通知，由学习委员或班长直接群发信息；内容较多的通知文件，则可以通过班级邮箱、QQ 共享、QQ 空间分享等传达。

推动班级信息平台的建设，不仅仅是简单的对上级信息的传达，更要拓宽视野，主动搜寻信息。平时注意收集各类日常实用信息，如商店、游玩、海报设计、公交等信息，有条件的可以尝试发布天气预报、焦点新闻、就业招聘信息、生活小常识等。

另外为使信息能够传达到每个学生，还必须实行信息传达责任制。信息委员或者班长把信息传达给寝室长，由寝室长通知宿舍成员。这样一方面发挥了寝室长的主观能动作用，另一方面能有效地传达信息，不至于遗漏。

信息平台的搭建，除了利用好计算机技术、通信技术外，班委平时还可以深入同学的宿舍，用简明的语言形象地讲述最近校内外发生的时事新闻等。这样既能拉近与班级同学的距离，又能传达信息，还可以听到同学们的意见反馈，是非常简单而效果显著的方式方法。

## 三、班级外联

大学社团都有自己的外联组织，一般称为外联部。外联部的工作，广义上来说主要包括对外联络交流和探寻合作。狭义的外联工作主要就是俗称的“拉赞助”，这里的赞助包括资金、人力、物料等的提供。发展成熟的班级也应设立外联组织，但不一定为外联部，由于班级规模较小，可以称其为外联组。

班级外联组和学校社团的外联部作用类似。班级外联组不但要与企业商谈小规模的班级活动赞助，还担负着联系企业以便班级学生实习、就业、参观交流，以及聘请专家开展专业讲座等工作。班级的外联工作可以极大地促进班级同学社会化的进程，可以更好地服务班级同学的高质量就业。

班级外联工作在大一、大二阶段主要是打基础，更多注重的是与外部的交流联系沟通，主要负责班级与其他班级的联系、交流工作。班级与班级之间的交流，首先能够使不同班级的同学之间建立一定的友谊，拓展同学们的人脉关系，增强大学生互帮互助的意识；其次也能够使班级之间互相促进、共同进步，提高班级的竞争力。进入大三、大四之后，学生比较注重考取各种资格证书以及寻找实习的机会，这时班级学习委员就担负着为班级学生寻找考取职业资格证书的相关资料的任务，而班级外联组则应该为学生多联系一些企事业单位以便参观交流，并争取为学生联系一些假期实习的单位，以便尽早使更多学生得到锻炼，增强就业的能力。

班级外联组的工作比较灵活，最终目的是为班级学生获取更多的校外资源，使学生得到长足发展，弥补学校在此方面的不足。

## 四、班级专业化协会

大学有很多协会，涉及的方面五花八门。班级组织一个与专业相关的协会有利于专业的发展，有利于加强专业的交流，加强对专业的宣传。班级专业化协会里，我们组织的大部分活动都应该和专业密切相关，同时又富有创意，能够吸引同学的目光，满足大家的好奇心。如地质专业班级开展的以“探索自然，感受自然魅力”为主题的集矿物、岩石、化石、世界地质景观于一体的展览活动，具有专业性和趣味性。一方面大大地宣传了相对冷门的专业，扩大了专业的影响力，满足了同学们的好奇心；另一方面则让同学们学有所用，增强了班级凝聚力。建设班级专业化协会，可以邀请相关教师担任指导教师，为协会提供技术支持与发展指导；还可以邀请资深教授及学校领导等作为顾问，为协会争取更多的校内及社会资源：这都有利于协会的长远发展。待本届学生毕业后，专业化协会将作为一笔财富一届届传承下去并不断发展，有助于本专业学生对专业知识的学习与应用。

班级管理者应积极联系相关专业教师和辅导员指导班级专业协会的建立和发展，并广泛动员班级同学参与协会的建立及活动的开展。这样才能保证协会的正常建立、健康发展，同时扩大协会的影响力。如果可能的话，可以把协会升级为校级协会，吸收更多对该专业有兴趣的同学参与其中，借此提高广大同学对该专业的认知程度，扩大专业的知名度。这对于新成立的专业或相对冷门的专业来说是很好的宣传平台。

# 第七节　构建文化

## 一、构建大学寝室文化

大学寝室文化（宿舍文化），是指大学生在以寝室为主要空间的共同学习生活、相互作用的过程中所形成的环境和氛围的总结。它包括硬件和软件两个方面。所谓硬件是指寝室的设施、环境卫生、室内陈设等，软件是指寝室成员的生活方式及多种多样的闲暇活动，以及由此表现出来的思想观念、行为方式等。硬件部分属于物质文化范围，是大学生寝室文化的基础；软件部分属于精神文化的范围，是大学生寝室文化的核心。

（一）大学寝室文化的特点

1. 融合性：学生寝室的所有成员在同一空间里不断交流各自的思想，每个学生的生活理念、价值观念、言谈举止、兴趣爱好都会不同程度地感染他人、影响他人。不同的思想经过相互撞击、相互影响，最终达到统一、融合。

2. 凝聚作用：寝室文化的融合特性表现出很强的凝聚力。要使寝室文化健康发展，就必须增强宿舍成员的集体意识，增强凝聚力。

3. 持久性：寝室文化是经历了一段时间的磨合之后才形成的，而一旦形成特有的寝室文化，将持久地影响到宿舍每个成员的思想观念。

4. 自主性和约束性：寝室的每个成员都是独立自主的，但都不同程度地受到寝室文化的限制和约束。

（二）加强大学寝室文化建设的重要意义

1. 积极、健康、向上的寝室文化是寝室发挥其作为大学生思想政治教育重要阵地作用的根本。

2. 自然、温馨的寝室文化是大学生心理健康成长的需要。

3. 加强大学寝室文化建设是做好学风班风建设的基础保障。

（三）如何构建良好的大学寝室文化

1. 充分发挥寝室的核心人物寝室长的作用

（1）寝室长的重要作用

大学寝室是班级的一个微观组成部分，主要采用以班级为依托的管理模式。在每个寝室设立寝室长是当前高校学生管理的制度选择。作为寝室的直接管理者，寝室长在寝室生活中发挥着重要的作用。他不仅是寝室生活的倡导者，而且是校园规章制度的督促者，甚至是班级文明建设的组织者。作为寝室的领头羊，寝室长既是寝室文明的管理员，也是心理健康的保健员，还是安全稳定的信息员，在学校管理和校园文化建设中发挥着重要作用。班级管理者要以寝室长为桥梁，增进对学生的心理、安全的关心和关注；以寝室长为标杆，带动寝室同学守秩序、守时间、重纪律、爱整洁的良好习惯的养成。因此，寝室长的责任心和能力直接影响到寝室的发展、寝室同学的成长和寝室氛围的形成。发挥好寝室长的能动作用，能促进寝室的健康发展，最终促进班级的健康发展。

（2）寝室长的工作智慧

如前所述，在班委会内部工作分工中已经阐述了寝室长的工作职责。根据华中农业大学学生工作处的工作经验，寝室长在具体开展工作的过程中也需要有基本的行事准则和行为方式，这就是寝室长的工作智慧，可概括如下：

①别拿自己不当干部。寝室长首先要明确自己掌管着一方土地，身上肩负着重大的责任，守土有责，不要因为别人的不重视而忽略自己的责任，要忠诚地履行自己的职责，在不大的一片天地创造不一样的成绩。

②“一屋不扫，何以扫天下?”寝室长需要避免拈轻怕重、避重就轻的毛病，不要眼高手低，要真正立足本寝室开展工作，把自己所辖的寝室管理好建设好。

③群众无小事，点滴见真情。寝室长要有奉献精神和责任意识，从小处着眼，把寝室内大大小小的事情都管理好。

④学会倾听，懂得分享。寝室长不仅要扮演一个管理者、服务者的身份，更应当以寝室成员的好朋友、倾听者的身份出现，寝室长的角色定位应该是多元化、多样化的。

⑤从群众中来，到群众中去。寝室长既不能不把自己当成干部，也不能太把自己当成干部，甚至颐指气使，应该跟寝室成员同呼吸共成长，想寝室成员所想，急寝室成员所急，真正在大学四年的生活中收获友谊和成长。

⑥一个都不能少。寝室长就是一个寝室的大家长，要在日常的学习和生活中树立共同的目标，让寝室的所有同学一起进步，一同毕业。

2. 发挥学生党员的先锋模范作用

学生党员是班级甚至学校的优秀群体。发挥党员在寝室文化建设中的先锋模范作用，不仅能增强党员自身的服务意识，还能有效地带动其他宿舍成员参与构建文明健康的寝室文化。

3. 对寝室文化建设进行评比

寝室文化建设评比是寝室文化建设的重要途径之一。它既是对优秀寝室的一种肯定，又能有效地促进寝室文化建设，让其他宿舍借鉴和效仿，达到以评促建、以评促改、以评促管、评建结合、推动寝室文化建设的目的。

4. 网络环境下的寝室文化

随着科学技术的迅速发展，网络已经逐步成为宿舍生活中不可或缺的一部分。发挥好网络在寝室文化建设中的积极作用，十分重要。借助网络，宿舍成员可以查询和利用国内外的重要资讯，获取海量有效信息，并进行分享和交流，增进寝室成员之间的感情。同时，网络提供了平等沟通交流的平台，宿舍成员借此进行交流，有利于让一些内向的寝室成员敞开心扉，更加直接地表达自己的心声。

5. 建立专门性宿舍

所谓专门性宿舍，就是在大三阶段，根据毕业去向意愿，统合班级资源，在自愿原则以及上级部门准许的条件下，成立专门性的宿舍群体。到大三上学期，根据班级同学的毕业去向意愿，可依据自愿原则将选择考研、考公务员、就业的同学分配到同间宿舍。考研、考公务员、就业专门性宿舍的成立，有利于统一和规范同学们作息时间及生活规律，便于同学之间的互相交流，促使大家共同进步，实现梦想。

总之，寝室（宿舍）是大学生生活的最核心场所，是大学生之家。因此，如果寝室文化建设得好，有助于优良学风的形成、思想政治素质的提高和心理健康的发展；反之，则直接危害寝室成员的身心成长。寝室文化建设是一项长期的工作，只有创造性地开展工作，在保障寝室文化建设方案顺利进行的前提下，把学生寝室文化建设不断引向深入，才能最终达到美化寝室，净化校园，提高品位，拓宽思想政治教育工作空间，唱响时代主旋律，切实提高学生思想政治教育工作实效的目的。

## 二、构建大学班级文化

### （一）大学班级文化的内涵

大学班级文化是在大学班级管理实践和发展过程中形成的，是班级成员所共同认可和自觉遵守的班级目标、价值观念、制度规范和班级外部形象的总和。它决定着班级成员的精神风貌和行为方式，深深影响着班级成员的日常学习和生活。

大学班级文化由物质文化、制度文化和精神文化三个层面的内容组成。物质文化是制度文化和精神文化的基础。制度文化是指对班级成员的行为进行规范和约束的部分，集中体现了物质文化和精神文化对班级成员的要求。精神文化是指班级成员共同信守的基本信念、价值标准、思想情感及精神风貌等，是班级文化的核心和灵魂，具体包括班级的发展目标、班级成员的信念和精神风貌、班级风气等。

### （二）构建大学班级文化的意义

构建大学班级文化，能够使班级的形象更加清晰、更具魅力，从而增强同学对于班级的归属感和认同感。构建大学班级文化具有重要的意义，主要表现为以下方面：

1. 具有导向作用。大学班级文化不同于传统的纪律、制度和思想政治教育，它对每个学生都有着潜移默化的教育作用，有助于获取新知识、锻炼新技能，强调知行合一。

2. 具有凝聚作用。班级文化是班级成员共同创造的文化，体现了所有同学的理想信念、价值观念、思想情感。构建大学班级文化能促使班级成员形成强烈的向心力、凝聚力和群体意识，使学生与班级之间建立十分密切的相互依存关系。

3. 具有制约作用。班级文化是班级成员约定俗成的群体规范或共同价值准则对成员思想、行为产生的约束和规范作用。这种约束是班级文化所倡导的核心价值观在班级成员内心形成的一种心理定势，是强大的群体心理压力和动力。

4. 具有激励作用。良好的班级文化能为每个班级成员创造培养兴趣、爱好和特长，拓展知识、技能的空间，从而更加有效地激发和调动每个成员参与班级活动的积极性、主动性和创造性。

5. 具有辐射作用。班级文化通过班级成员良好的精神风貌来塑造班级的外部形象，这会对其他班级产生极大的影响，激励其进行效仿。此外，良好的外部形象也能为班级在国家、省、校级的先进班集体评比活动中带来很大的益处。

（三）构建大学班级文化的举措

大学班级文化虽然是在大学班级管理实践和发展过程中逐渐形成的，但并不是自发形成，它需要班级每一个成员积极、主动担负起构建班级文化的责任和义务。根据笔者的学生工作管理经验及国内外的相关做法，构建大学班级文化可从以下几点着手：

1. 加强班级凝聚力建设

班级凝聚力是班级文化的重要组成部分，对班级有很强的维护作用，可以保持班级的整体性和协调性，可以增强班级成员的自信心与安全感。加强班级凝聚力建设，首先要重视班级学生干部的培养。作为班级的管理者，学生干部的一言一行都将对周围同学产生影响，是班级成员效仿的榜样。其次要开展丰富的班级活动，增进班级成员之间的相互了解，增强班级成员的归属感。最后要营造健康融洽的班级心理环境，提高班级成员的思想水平和心理品质，从而形成班级感召力。

2. 充分发挥辅导员的作用

在班级文化的构建过程中，辅导员要通过日常教育与各种活动引导班级形成一种能够伸张正义、遏制错误思想、阻止不道德现象发生的集体舆论；要协调好班级里的竞争与合作，合理地引导班级成员进行竞争，实现取长补短目的，同时也要强调合作的重要性，帮助学生建立正确的友谊观和价值观；要引导学生树立正确的世界观、人生观和价值观。大学生的善恶是非道德观念和事物价值的评判标准虽然已经基本形成，但还有不确定性和可塑性，所以高校辅导员在日常的教育和管理中要注重通过自身的言行举止引导学生树立正确的世界观、人生观和价值观。

3. 树立良好的班风

班风是一定时期形成的一种群体意识和行为倾向。只有良好的班风才能确保班级的每个成员在学习、生活、工作等方面尊重集体的利益要求，从而增强每个成员对于班级的认同感和归属感。

4. 加强学风建设

一个班级如果没有好的学习氛围或者说良好的学风，其班级竞争力和班级外部形象将不复存在，更谈不上班级文化建设。加强学风建设除了可以通过严格的规章制度等传统方式来进行，还可以尝试以就业为依托，启发引导大学生将学业和就业联系起来，通过职业生涯规划将就业教育贯穿于大学四年，从而增强学生的就业意识和就业紧迫感，让学生了解专业的社会需求及特点，从而树立切实可行的个人目标，并为之努力奋斗。

## 三、构建班级非正式组织

### （一）非正式组织的内涵

人际关系理论认为任何经营组织内都存在着正式组织和非正式组织。所谓正式组织是指那些被人们规定好成员的地位和角色，明确提出各成员权利和义务，并有固定编制的群体，如企业中的部门等。而非正式组织是存在于正式组织内，以心理因素和社会关系维系，以潜规则为行为方式的松散型的人的集合。非正式组织主要表现为由于兴趣、爱好、习惯、志向及其他方面的一致性而形成的松散型群体。非正式组织没有固定的编制，其成员之间的相互联系、权利义务和职责范围取决于成员自愿形成的一种约定俗成的共同行为规范。

### （二）非正式组织的基本特征

1. 内聚力比较强。非正式组织内具有不成文的行为准则，这种行为准则从非正式组织成员的共同利益、兴趣爱好、情感需要出发，因而对成员具有很强的约束力。非正式组织中如有人违反这些规定，常常会遭到同伴们的排斥。非正式组织的凝聚力往往超过正式组织的凝聚力。

2. 领袖人物作用突出。非正式组织往往具有自然形成的核心人物，这种核心人物不是由组织任命的，但成员对他的拥戴程度比较高。非正式组织的领袖对非正式组织的影响极大，一些在正式组织中难以解决的问题，通过非正式组织中领袖人物的作用能很容易得到解决。

3. 成员归属感强。在非正式组织中每个成员都有一定的社会地位，但又没有明文规定，人人都能自觉遵守，人与人之间都有稳定的共同情感，非正式组织信奉的是情感逻辑。成员之间对某些问题的看法基本是一致的，他们拥有共同的价值观和合作理念，因此成员的归属感比较强。

4. 非正式组织具有不稳定性。由于非正式组织是基于特定的需要由成员自发组织形成的自发性团体，他们没有明确的组织目标，没有明确的成文制度和规划，它的约束是软性的、非强制性的，所以它具有不稳定性。

（三）非正式组织的作用

管理学大师切斯特·巴纳德的人际关系学说认为非正式组织对正式组织目标的达成具有促进、限制和阻碍三种作用。

1. 班级非正式组织的促进作用

非正式组织能满足学生正常的心理需要。由于班级学生的兴趣爱好各有不同，仅仅从正式组织中不能完全得到满足，而非正式组织可以培养其各方面的才能，满足其物质、精神方面的需求。因此，非正式组织中的交往是对班集体中交往的必要和有效的补充。

非正式组织能促进学生人格的独立与发展。在非正式组织的成员交往中，大家相互信任、相互尊重，学生不断得到他人对自己的客观评价，因此更加自尊自信，能正确认识、评价自己，自我意识沿着健康的方向发展。

2. 班级非正式组织的限制、阻碍作用

当非正式组织与班集体的目标不一致，或者班集体的要求与非正式组织的需要发生冲突，又或者班集体的规范限制了非正式组织的活动时，非正式组织中会滋生抵触情绪，形成与班集体相对抗的群体力量，阻碍班集体工作的开展。同时非正式组织容易导致小团体主义，对班级信息传递、人际交往、功能运作等可能产生阻碍甚至扭曲的反作用。

（四）非正式组织理论对高校班级管理的启示

1. 班级管理者应把学生看作是“社会人”，而不是对现有的学习条件和教学模式必须做出反应的“经济人”。如果想当然地认为学生必须遵循现有的教学模式、班级管理模式等，是不切实际的。实际上，大学生基本都是即将走入社会的成年人，他们没有升学的压力，拥有的是对未来的期望。因此对多数大学生来说，学习成绩不是他们追求的第一目标，他们在社会认可、心理满足、未来的职业发展等方面的需要则表现得更为强烈。因此，班级管理者不能单纯地利用学习成绩、奖学金和规章制度等行政手段强化对大学生的管理，而必须更多地从大学生的社会需要和心理要求等方面出发来加强班级的管理服务职能、心理疏导职能等。

2. 班级管理应是对大学生进行系统“引导”的过程，而不是“管理”的过程。高校班级管理不能只关注对学生的管理与控制，而应将管理的重点转向对学生的引导，以培养全面发展的人才。首先，班级管理者要学会倾听学生的声音，处理好班级各项事务及人与人之间的各种关系，切实帮助他们解除生活学习中遇到的麻烦、困难。其次，班级管理者在进行教育和管理的过程中要尊重学生的人格，平等、公正地对待每一个学生，做他们的知心朋友。遇到问题时应该心平气和地把道理和学生讲清楚，要注意动之以情，晓之以理，尽量避免对学生进行训斥。最后，要引导学生主动去观察、去体悟、去分析，帮助他们把利弊分析透彻，找出症结所在。只有有效进行引导，才能达到事半功倍的效果。

3. 班级管理的原则在于提高学生的满意度，增强学生的归属感。人际关系学说创始人乔治·梅奥认为士气的高低决定于企业职工的安全感、归属感等社会、心理方面的满足程度。班级管理者应把完成班级管理目标同满足学生非逻辑的感情需要结合起来，以提高学生的安全感、归属感等社会方面和心理方面的满足程度，进而激发学生学习文化知识和提高综合素质的热情。

4. 要注重培养班级中的核心人物，带动整个班级的和谐发展。高校的班级管理者不仅要充当管理者的角色，还要扮演班级发展的促进者和指导者。班级管理者根据学生的特点，巧妙地运用师生间的互动，把大量的班级管理工作留给学生，给他们提供一个参与班级管理的机会。在此过程中，注重对核心人物的调查、了解、掌握、引导与培养，并将核心人物纳入班委会，以带动整个班级的和谐发展，增强班级的凝聚力。

5. 班级管理者应从班级成员的共同利益、情感需要出发，制定明确的班级成员行为规则。制定班级成员行为规则的关键是：首先，班级管理者不能采取限制性管理，而是依据班级管理目标、学校的规章制度等，通过引导的方式使学生明确哪些可为、哪些不可为。要注意顺应学生的特点和成长规律，抓大放小，减少不必要的干预，将制定班级成员行为规则与充分调动学生的主观能动性有机地结合起来。其次，要突出学生的自我管理，营造自由、宽松、民主、创新、柔性的班级管理氛围。只有这样，学生才能自觉遵守班级的行为规则，从而使班级管理产生最佳效果。

非正式组织是一把双刃剑，它向好的方向发展则有利于正式组织的发展，向坏的方向发展则将妨碍正式组织的运行。班级管理者必须正视非正式组织的地位与作用，善加引导使之朝良好的方向发展，最终利于班级的发展。

## 四、班集体的形成

要想成为一位班级管理的能手，还必须充分了解大学班集体的形成过程。大学生经过学校编班形成班级，这不是简单的个体的集结，而是形成了一个新的整体，因此，班级一经组成就会出现新的特征、活动与行为方式。班级转变为班集体，需要辅导员、班导师（班主任）、班级任课教师和全班学生按照一定的教育目的和任务、按照一定的教育计划和要求的共同努力。

从低级形态的班级发展成为高级形态的班集体，其中的发展阶段应该如何划分，学者们见解不一。日本学者田中次郎认为应该分为七个阶段：探索、同一化、集体目标的出现、集体规范的形成、形成内集体—外集体的态度、集体气氛的产生、地位与作用的分化。学者姚成荣在《班级管理工作新论》中把班级发展过程分为三个阶段：初建松散阶段、基本形成阶段、发展成熟阶段。学者林冬桂等在《班级教育管理学》一书中，依据班级成员的群体意识的强弱程度、成员之间的相互关系及交往的密切程度，把班级发展分为五个阶段：班级初建阶段、班级形成阶段、集体形成初期、集体形成阶段、良好集体阶段。学者劳凯声提出，班集体形成和发展可分为四个阶段：松散的群体阶段、班集体初步形成阶段、班集体的确定阶段、班集体巩固发展阶段。上海师范大学王洁静研究认为：班级的发展水平可以以谁处于班级的中心地位来划分，从班级的组成到班集体的形成大致可以分成三个阶段。笔者亦赞同王洁静的研究成果，稍加修改后表述如下：

1. 以辅导员、班导师（班主任）管理为主的阶段。一般来说，刚组建的班级都处于此阶段。处于这一阶段的班级主要有以下特点：

（1）班级组织目标：这段时间，班级的组织目标没有结合班级的实际情况，仅仅是由班级管理者按照学校的育人总目标制定的，班级目标没有内化为每个学生的个人目标。

（2）领导核心：辅导员、班导师（班主任）任命一部分积极分子为临时负责人（小组），以协助其开展班级管理工作，但是班干部的核心作用没有发挥出来。

（3）组织机构：辅导员、班导师（班主任）在初步了解学生的基础上指定班级的临时负责小组。

（4）行为规范：班级各项规章制度也是按照学校的规章制度制定的，各种规章制度成为师生之间、生生互动和维持各种秩序的主要工具和手段，但是规章制度尚未得到学生的认同。

（5）班级的人际关系：在刚刚组建的班级中，来自四面八方的同学之间存在着一定的戒备心理，缺乏充分的交往，人际关系是比较情绪性的。

（6）班级活动：此时，班级活动往往是辅导员、班导师（班主任）决定主题、内容、形式，然后带领或指派临时班干部予以实施。对于班级活动，学生的积极性不高，每个人从自己的角度去理解并参与班级各项活动。

（7）集体舆论：此时，班级良好的集体舆论尚未形成，对于学生中出现的好人好事或不良现象，主要依靠辅导员、班导师（班主任）提出表扬或批评。可以说，该阶段的班级形同散沙，学生的依赖性较大。辅导员、班导师（班主任）是班级最高的领导人，拥有绝对权威。辅导员、班导师（班主任）处于班级的中心地位，通过建立严格的班级规章制度对学生进行纪律教育，有效地管理学生，保证学习生活的秩序。辅导员、班导师（班主任）任命临时班级干部，协助其完成各项任务。通过这段时间辅导员、班导师（班主任）的强化管理和养成教育，学生的意识经历了一个由不自觉到自觉、由被动到主动、由他律到自律的发展过程。

这段时间，辅导员、班导师（班主任）要特别注意开展三方面的工作：一是细心观察了解每一个学生；二是通过开展各项班级活动，促进学生之间的相互了解，增强学生的群体意识；三是对班上出现的好人好事要及时进行表扬奖励，对不良现象要敢于批评，以形成正确舆论和良好班风。

2. 以班干部管理为主的阶段。通过共同活动的开展，学生之间了解得越来越深，学生主体的主动性和积极性开始显现出来。处于这一阶段的班级主要有以下特点：

（1）班级组织目标：这段时间，辅导员、班导师（班主任）利用各种途径向学生宣传介绍目标管理的意义，激发学生对班集体目标制定的参与意识。在此基础上，辅导员、班导师（班主任）组织学生研究分析班情，分解整体目标，将长远目标分解为中期目标、近期目标，并要求学生根据班集体长远目标和阶段目标以及自身特点，制定个人的长远目标、中期目标和近期目标。辅导员、班导师（班主任）将班集体各方面的目标汇集起来，加以分析综合、平衡调整，使之成为一个完整协调的班集体目标体系。

（2）领导核心：在大家互相了解的基础上，班干部由学生民主选举产生，在全班同学中有一定的威信，分工明确，职责清晰，能够各司其职，各负其责，主动帮助辅导员、班导师（班主任）管理班级。辅导员、班导师（班主任）要加强对班干部的培养，使班干部的能力不断提高，班干部的核心作用得以充分发挥。班干部逐渐得到大家的信任和拥护，班级的自我管理水平有了进一步的提高。

（3）组织机构：在民主选举班干部的同时，辅导员、班导师（班主任）以有利于学习活动的开展为原则，组建兴趣小组。由小组全体成员推选小组长，并明确小组长的岗位职责。各小组在班委会的领导下，有序开展各项学习活动和课内外活动。

（4）行为规范：对于班级规范，学生从接受、顺从逐步发展到理解、同化，最后将其内化为每个人自身的精神需要和自觉遵守的行为准则，班级规范不断健全。

（5）班级的人际关系：学生在彼此熟悉的基础上三五成群地结成小圈子，即出现了非正式组织。人际关系不仅是情绪好恶关系，而且产生了群体内部的一定的责任依从关系，群体成员在群体中的角色和地位由参与群体共同活动的程度与贡献及所得到的评价来决定。

（6）班级活动：班级活动能够在辅导员、班导师（班主任）的指导下，由班干部组织策划并实施，学生能够为班级大局考虑，参与班级活动，齐心协力完成任务。

（7）集体舆论：班级的正确舆论逐渐形成，学生心中都有一把秤，能够约束自己，班级中形成了“好人好事有人夸，不良现象有人抓”的风气。

在这段时间，辅导员、班导师（班主任）要做好班干部的培养和任用工作。辅导员、班导师（班主任）通过开展各种班级活动培养和锻炼班干部，对学生干部既要交给任务，又要教给方法，既要大胆放手，也要小心扶植；既要热情鼓励，也要严格要求。要注重在培养中任用，又要在任用中培养，使班干部的核心作用得到充分的发挥，使班干部成为辅导员、班导师（班主任）班级管理的得力助手，有效地促进班集体的形成。辅导员、班导师（班主任）由幕前直接指挥，逐步退居幕后间接导演，通过班干部向全班提出要求，多数学生能够听从。这一阶段，班级属于合作型群体，班集体基本形成。这类班级在现实中占大多数。

3. 以学生自我管理为主的阶段。这一阶段，在班干部的带领下，学生主动参与班级管理，真正做到“把班级还给学生，让班级充满成长气息”，学生自主管理能力、主动策划能力和团结协作能力不断提高。处于这一阶段的班级主要有以下特点：

（1）班级组织目标：班级形成了一个完整协调的班集体目标体系，能够得到班集体成员的一致认同，并内化为个人的抱负，成为各自的行动指南。

（2）领导核心：班干部是班集体的核心，是班级管理的骨干力量。采用轮流制，使更多学生有机会在班干部岗位上得到锻炼，提升管理能力和水平。

（3）组织机构：在设立班干部和兴趣小组的基础上，学生可以根据班主任安排形成学习小组、活动小组，也可以根据自己的意愿组合成小队，凸显出小群体和班级的自主性，以适应不同班级活动的需要。

（4）行为规范：每个学生都能自觉地遵守班级行为规范，并且能够按照班级实际情况制定、调整班级规范，建立班级公约等。与此同时，班级中的不成文规范也建立起来，并与成文规范相配合，成为成文规范的补充。

（5）班级的人际关系：在小组或班级中形成民主、平等、团结、友爱、互助的人际关系，人人都是班级的主人翁，可以为小组和班级的发展出谋划策，主动提供各种服务。每个人在集体中有满意的角色、稳定的地位和良好的自我感觉，以及对集体具有归属感、满足感、责任感与义务感等。

（6）班级活动：在班级活动中，每个学生逐步学会自主策划和实施。班级活动与学校工作和班级实际情况结合起来，确定有针对性的活动内容，形成系列化主题，并以民主参与和自主组织的形式开展。

（7）集体舆论：班级健康的舆论已经形成，并且能够发挥鼓舞人心、催人进取的作用，具有导向性、号召力、感染力。

这个阶段，辅导员、班导师（班主任）已经退居辅助地位，可以放心大胆地锻炼学生，在班干部行使职权时，辅导员、班导师（班主任）只需在决策上给予指导和帮助，班级主要靠学生进行自我管理。由学生民主选举产生的班级核心紧紧团结在辅导员、班导师、班主任周围，每个班干部都能各司其职，全体学生为实现共同目标而努力奋斗。集体中的各项组织制度已经健全，每个人都能自觉遵守纪律。同学之间团结友爱，相互尊重，一般同学与班干部之间和谐相处。集体像一块磁铁一样吸引着全体成员，产生极强的凝聚力，成为推动学生自我教育、自我管理、自我服务的力量。此时，班集体已经发展成熟，实现了学生自我管理与参与管理的目标，达到了“管是为了不管”的最高境界。著名教育家陶行知就十分注重让学生自我管理和参与管理。他在《学生自治问题之研究》一文中阐述学生自治的好处有：第一，学生自治可为修身伦理的实验。第二，学生自治能适应学生之需要。第三，学生自治能辅助风纪之进步。第四，学生自治能促进学生经验之发展。

## 第八节　留存档案

### 一、班级档案的重要性

建立大学班级档案，有利于掌握班级发展脉络，把握班级发展方向，实现大学班级管理的规范化与科学化。同时，班级档案作为同学们成长的重要记录，极富价值和意义，是留给班级成员最美好的回忆。

## 二、班级档案的内容

班级档案的内容主要包括：

1. 班级概况：班级成员的基本情况及学籍变动情况，主要在学籍表中反映；班委基本情况，主要是历届班委名单及情况介绍；班级成员就业去向；班主任及任课教师基本情况。

2. 班级数据库，主要包括班级同学在校的学号、电话、家庭住址、邮编、QQ号码、邮箱、职务、荣誉等详细信息。此为机密信息，一定要做好保密工作，不可泄露。

3. 校纪班规。主要包括学校的相关规章制度以及班级公约、班委职责、各种“推优”条件及办法、宿舍卫生制度等。

4. 团建工作情况。主要包括：团支部概况，包括团员总数、男女团员数、支部书记及支部委员名单、人员变动情况、换届情况等；团支部评优情况，包括历次优秀团员、团干名单，团员综合考评情况等；团支部活动，包括每次团日活动的时间、地点、主题、参加人员、活动内容、效果评估、获奖情况、活动影像等。

5. 党建工作情况。主要包括：班级党员情况，包括人数、申请入党时间、培训时间、入党时间、转正时间等；班级入党积极分子名单，包括申请入党时间、培训时间、“推优”时间、成为发展对象时间等；党员活动情况，包括每次活动的时间、地点、参加人员、活动内容与意义、活动策划、活动总结、活动的照片等。

6. 学业情况。主要包括：专业培养方案、实践教学安排；各学期学生的学习成绩总册、实习实践环节照片；各类等级考试通过情况，如英语四六级考试、计算机等级考试、各类职业资格证书考试等；奖学金及各类学习竞赛获奖情况。

7. 宿舍建设情况。主要包括：宿舍基本情况，如各个宿舍的房间号、舍长、成员及联系方式等；宿舍值日安排；宿舍评比情况；宿舍活动情况、寝室文化建设等。

8. 班级活动情况。主要包括以文字形式记录的班级活动方案、活动申请、活动总结等书面材料，以及反映活动现场情况的照片、录音录像等音像档案。

9. 奖惩情况。班级在参与学校及院系的各项集体活动中取得的成绩，获得的各种奖励证书、奖章或奖杯，以及相关图片等。当然，惩处情况也应如实记录到档案中。

10. 其他：除了上述 9 种材料外，还有一些无从归类的有价值的班级档案可一并放入其他类，以免遗失。

## 三、班级档案的管理

1. 专人负责与分工协作相结合。充分调动班干部和同学的积极性，实行分工协作。在班级档案的形成和收集过程中，按照内容分类进行分工，每个版块由一到两名同学负责。各班可参考上述分类，适当调整归档内容及其分类。班级档案员一定要认真管理爱护班级档案，并在班级活动需要时及时有效地提供档案资料，制定易于查找的班级档案目录，进行合理分类。

2. 实行平时收集、期末归卷和毕业归档制度。班级管理者应主动索要、收集班级档案资料，班委应及时提供相关资料。平时要做好档案的收集整理工作。每次班级活动之后，都应由分管该项工作的同学负责将档案材料收集整理好，并在期末移交给班级档案员集中管理。在平时收集的基础上，实行期末整理归卷、毕业归档制度。

3. 按照档案要求区分不同载体，分类保管。班级档案以电子档案、纸质档案为主，音像档案应与纸质档案分开保管。除此之外，班级档案中也不乏实物档案，比如奖旗、奖杯等，也应单独保管，并注明与相关纸质档案的联系。

4. 建立班级档案监督制度。档案监督的主体是班主任或辅导员。每学期期末，班主任或辅导员定期对班级档案进行统一检查，对不符合整理要求的档案责令整改。

# 第七章　班级关系建设

班级关系是在班级日常活动开展及日常事务处理过程中，班级与同学之间、班委与同学之间、班级与班级之间、班级与其他组织和个人之间、班级与家庭及社会之间建立的相互关系。良好的班级关系是大学生健康发展的驱动力，也是促进大学生社会化、增强大学生集体观念的重要基石。

## 第一节　班级关系建设概述

### 一、班级关系建设研究现状

当前，学界对大学班级关系建设的研究较少，主要见于期刊和论文，且大多集中于对大学班级内部人际关系的探讨。王彭鹏、范艳萍在《大学班级人际关系研究——整体网视角》中基于整体网分析方法，从强关系、弱关系两个角度出发，对一个大二本科班级的人际关系进行分析，探索实现良好班级关系的路径。梁萍云、蓝海正在《大学班级和谐人际关系：内涵、特征与策略》中认为，应加强班级师生关系建设，通过创设人际交往时空和培养健全人格等策略，推动班级和谐人际关系的形成和发展。目前所能检索到的文献绝大多数聚焦于班级内部的学生与学生之间、学生与老师之间的关系建设，将班级作为一个整体来研究班级关系建设的极少。笔者为填补这部分研究领域的空白，将从班级整体视角出发，探讨班级关系建设的途径。

## 二、班级关系建设的基本点

班委在管理班级的过程中，不可避免地要与学校的各个部门、各种组织打交道。班委正确处理好各种关系，不但有利于自己的发展，更关系到班级的利益。

组织与组织之间的关系从小范围来讲就是人与人之间的关系，就是组织的主要负责人之间的关系。比如常规地、纵向地看，班长不但要对上级辅导员负责，听从其领导，更要对自己管理下的班级同学负责。但这还远远不够，横向来看，班长还要经常与任课教师、教学秘书沟通，帮助教师完成教学任务；班长还要与各级学生组织打交道，如团委、学生会等；个别时候还要与学校各机构打交道，如教务处、学生处、财务处、后勤处等。要想做好学生的管理工作，与这些机构、组织的沟通都是不可避免的，与这些机构、组织建立良好的关系，将大大提高班长的工作效率，使工作完成得更加快速、出色。

这里所说的建立良好的关系比较微妙，学生有学生的心态，领导有领导的考虑，组织有组织的利益，机构有机构的原则，如何处理好方方面面的关系，值得每个班级管理者深思。在处理关系问题时一定要记得：每个人都有自己的原则，做事要有分寸，学会尊重、沟通、共赢，不做损害学生利益的事情。

### 三、班级关系建设的类型

从班级整体视角出发，班级关系建设包括五种类型：班级与同学的关系建设，班委与同学的关系建设，班级与班级的关系建设，班级与其他个人、组织的关系建设，以及班级与家庭、社会的关系建设。

## 第二节 班级五大关系建设

### 一、班级与同学的关系建设

大学班级的同学来自五湖四海，是一个生活环境不同、性格各异，甚至民族习惯也有差异的复杂群体。这样的群体生活在一个寝室，在一个班上课，产生各种相互关系。低年级的同学由于相互之间了解不够、各自的自立能力较差，在相互关系调整期间容易产生矛盾，随后将趋于和谐。因此，班干部在处理班级和同学的关系时要注意几个特殊的群体：

1. 关注少数民族同学。尊重少数民族的风俗习惯，尤其是少数民族同学与其他同学在文化和习惯上的差异，在相处中应给予充分的尊重。

2. 关注家庭贫困、性格内向的同学。班委在组织活动时要充分考虑他们的感受，为他们创造展示自我的机会，以增强他们的自信，使他们更好地融入班集体。

3. 关注学习成绩较差的同学。从以往的情况来看，同学的学习成绩较差，并不是因为课程太难或者学习方法不对，而是因为学习态度不够端正，经常旷课、迟到、不交作业。这些同学渐渐对学习失去信心，转而沉溺小说、游戏，脱离班级的管理，严重阻碍班级的同学关系建设。班委要密切关注这些同学，及时向辅导员、班导师汇报情况，寻求解决办法。

4. 关注非正式组织，发挥非正式组织的作用。苏联心理学家别希斯尼克的研究表明，学生在班级非正式组织中的地位对其心情与行为举止有较大的影响。非正式组织核心人物在班级同学关系的协调上往往具有较班委更强的导向作用。

班级与同学的关系本质上是集体与个人的关系，班级与同学关系建设的基本要求是个人服从集体，集体关爱尊重个人，最终促进和谐班级的建设，促使班级同学成长成才。

## 二、班委与同学的关系建设

班委与同学的关系可以概括为四个字：平等服务。班级同学之间不存在领导与被领导的关系，班委与同学是平等的。班委由班级同学推举产生，来源于同学，也服务于同学。从某种程度上说，班委是彻彻底底的公仆，受广大同学的监督，在同学们的意愿范围内工作。班委的职责就是维护班级同学利益，协助老师促进班级同学成长成才。

班委与同学的平等服务关系的形成要求班委得到同学的认可。因而班委要努力提升自己，增强服务同学的意识和能力：一是要有集体主义的精神，心怀集体、服务集体，竭尽所能为集体办实事、为班级谋发展。二是成绩良好，这是根本；三是提高组织宣传的能力，使自己能够胜任所担任的职务，以身作则；四是树立威信，没有威信就没有向心力，没有向心力也就无法团结，一切活动将很难进行。

处理班委和同学的关系时还要掌握几个原则：

1. 班干部工作的最大原则就是从班级大多数人的利益出发，让同学满意，让班级受益。具体来讲要遵循管理有理、活动有利、批评有据、时间有度的基本原则，权责分明，各司其职，各尽所能，把工作做好，提高班级整体竞争力，促使班级更快更好发展。

2. 处理问题秉承尊重、沟通、共赢的原则。班委和同学间出现问题多数是因为沟通不足。例如一些同学经常反映班委组织的活动脱离同学实际需求，导致同学参与积极性不高。那么之后组织班级活动时就要在全班范围内做好调研，活动方案在班会上通过后方可组织实施。

班委应营造人人有事做、事事有人做、人人能做事的良好氛围，充分发挥班级同学的积极性，凝练班级核心价值观，促进班级的和谐发展。

## 三、班级与班级的关系

班级间有竞争的关系，更有合作的关系。同年级、同专业的班级势必存在着竞争，但是共同成长是宗旨，因而合作显得尤为重要。尤其是班级和同专业高低年级的协作，和其他学院、专业班级的共建具有很好的促进班级成长的作用。

班级与班级进行交流的形式可以多样化。例如，理、工、经、管、文、法、医、艺等专业班级进行共建，形成专业互补，定期进行班会式的文化交流活动；两个班级共同申请团支部立项，开展“一班一品”活动。

## 四、班级与其他组织、个人的关系

班级处在年级、学院、学校之间，需要和各级团委、学生会和学校的各种社团发生联系。班级和授课老师、专业老师、辅导员、导师的关系则更为密切。

班级和授课老师之间的关系尤为重要。有时难免遇到一些同学对老师的授课方式方法不适应或不赞同的情况，有些同学因此产生对相应学科的抵触情绪。这时，班委应当充分发挥桥梁、纽带的作用，主动向老师反映同学的需求，力求促进教学相长。

处理班级与其他组织的关系时，首先要服从上级组织、老师的领导，班委应当组织班级同学完成相应的教学、文体等活动。其次，要与其他部门或组织合作好、配合好，要充分体现出班级的风貌，尤其是面对重大事件和突发问题时，要沉着冷静、有条不紊。最后，处理班级与个人关系问题时，要以班级整体利益为重，班委不要将某些人或自己的想法强加给整个班级。

## 五、班级与家庭、社会的关系

在班级管理过程中，家庭和社会起着重要作用。班级管理其实是对由每一个班级个体组合而成的集体的管理。因而，在班级管理过程中，班级管理者要特别重视与班级成员的家长进行沟通联系，及时与家长交换学生的有关信息，让家长参与对学生的教育和管理，积极支持班级工作。例如遇到学生长期逃课厌学，就应该及时与家长进行沟通，平时注意关心和提醒该同学，稍有进步就给予表扬和鼓励，用爱心和信任去搭起沟通的桥梁，与学生家长一起促使学生树立正确的人生观和价值观。这样绵绵发力才能使学生的学习和行为习惯得到改善。学生的心理障碍和行为偏差是不良习惯长期沉积的结果，家长的鼓励和老师的帮助能使他们逐渐体验到成功的喜悦，重新树立起学习和上进的信心。为了使这种积极的变化转化为稳定的心理品质，班级管理者应该尝试通过剖析大量的心理实验、中外名人故事，以及发掘同学的闪光点，培养学生的注意力、意志力和自信心，使他们逐渐学会正确地认识自我、评价自我、调节自我，进而克服自身的弱点和缺点。

大学很重要的一个功能就是将学生社会化。社会化是指自然个体转化为一个能够适应社会、参与社会生活、担当一定社会角色的社会人的过程。大学班级管理应强化社会大环境对学生的教育和引导作用。结合时事政治，让学生了解社会主义现代化建设和改革开放取得的伟大成就，激发爱国热情，树立为祖国的社会主义现代化建设而努力奋斗的崇高理想；让学生了解祖国统一的历史任务和“一国两制”的构想，增强学生的民族自豪感和民族自尊心，增强对国家、对社会的责任感；让学生了解国家政治生活中的重大热点问题，确立为国分忧、为国解难、为国争光的思想；让学生了解中国共产党在领导我国社会主义建设过程中的伟大作用，深刻领会中国共产党是中国社会主义事业的领导核心，只有社会主义才能发展中国，引导学生关心国内外形势。此外，还应该通过抗震救灾、防疫抗疫、见义勇为、乐于助人、志愿服务等感人事迹，给学生树立榜样，调动全社会的力量对学生进行教育引导。例如可以选取一些新闻报道资料或视频，以真人真事感染学生，让学生进行积极的思考、辨识、领悟，让他们的思想日趋成熟，认识能力日益提高。

综上所述，大学班级管理与家庭、社会的关系十分紧密，班级管理者应重视家庭与社会力量的综合运用。班委在开展活动时要适应社会的发展趋势，服务社会，使同学们尽快融入社会。开展活动的主要形式有：

1. 邀请从事相关专业研究的优秀人才作讲座。

2. 深入社区、敬老院开展服务社会、感恩社会等主题教育活动。

3. 鼓励、支持班级同学在完成学习任务的基础上积极参与创新创业活动。

4. 鼓励学生充分利用假期进行专业实习，参与社会实践活动。

# 参考文献


［1］路明远. CIS文化管理功能在高职班级管理中的应用研究［D］. 河北师范大学（硕士论文），2010.

［2］卢妍宇. 班级文化建设研究［D］. 广西师范大学（硕士论文），2005.

［3］王洁静. 班集体的形成与班主任的管理策略［D］. 上海师范大学（硕士论文），2007.

［4］代芳芳. 大学班级管理研究——基于高度参与式管理模式［D］. 江西师范大学（硕士论文），2010.

［5］初晓磊. 高校班级文化建设研究［D］. 大连理工大学（硕士论文），2008.

［6］阳静. 论高校班级文化的思想政治教育作用及实现途径［D］. 西南大学（硕士论文），2010.

［7］袁川. 素质教育背景下的班级管理研究［D］. 贵州师范大学（硕士论文），2007.

[8] 张艳薇. 魏书生班级管理模式研究 [D]. 辽宁师范大学（硕士论文），2007.

[9] 陈海岩. 新时期高等学校班级建设研究 [D]. 华中师范大学（硕士论文），2008.

[10] 方雅静. 新时期高校班级集体建设的研究和探索 [D]. 华东师范大学（硕士论文），2007.

[11] 刘庆. 新时期高校班级文化建设研究 [D]. 太原科技大学（硕士论文），2011.

[12] 黄素娥. 以人为本的班级管理问题探究 [D]. 湖南师范大学（硕士论文），2005.

[13] 黄溅华. 以人为本的班级管理研究 [D]. 江西师范大学（硕士论文），2005.

[14] 徐阳. 高校学生党支部（党小组）、班委会、团支部三位一体的班级建设模式研究 [D]. 武汉理工大学，2009.

[15] 刘贵祥. 当代大学班级管理模式研究 [J]. 科教文汇，2007（07）.

[16] 靳拥军，王强，李远蓉. 高等教育大众化背景下高校班级管理：问题分析与体系重构 [J]. 思想教育研究，2010（11）.

[17] 丁丁. 高校班级管理信息化平台的构建 [J]. 思想教育研究，2009（S1）.

[18] 杨恒. 高校辅导员如何进行班级日常管理 [J]. 人力资源管理，2011（6）.

[19] 李国梁. 关于大学班级文化的构建 [J]. 高教论坛，2008（6）.

［20］许志铭，吴承泉．试论大学班级核心价值观的构建［J］．牡丹江师范学院学报（哲学社会科学版），2010（5）．

［21］陆新，王剑，张永红．党支部、团支部、班委会“三位一体”班级建设研究［J］．中国电力教育，2008（11）．

［22］蔡传柏，刘传芹．班级学习质量管理中如何应用PD-CA循环［J］．职业技术教育（教学版），2006（29）．

［23］肖美良．Z理论在我国大学管理中的应用［J］．扬州大学学报（高教研究版），2005（1）．

［24］钟玮．目标管理在高校班级管理中的应用［J］．钦州学院学报，2010（3）．

［25］劳可夫．基于授权理论的大学班级管理模式［J］．现代教育管理，2013（8）．

［26］王彭鹏，范艳萍．大学班级人际关系研究——整体网视角［J］．河海大学学报（哲学社会科学版），2010（4）．

［27］刘玮．高校团支部工作手册——以福州大学为例［M］．北京：光明日报出版社，2021．

# 后　记

非常偶然的契机让我产生了编写一本关于大学班级管理的小册子的想法。大学班级是大学生成长之家，是陶冶大学生的熔炉，是大学生自我教育、自我管理、自我服务的重要组织载体。然而，目前我国的大学班级管理现状如何呢？通过亲身实践、问卷和访谈调查以及查阅相关文献资料，我发现当下关于大学班级管理实践的专著并不多，很多班级管理者常常为如何管理好班级发愁，他们苦于没有良好的理论和方法来使班级在同年级乃至全校的众多班级中脱颖而出。

在领导、同事以及家人的支持鼓励下，我诚惶诚恐地将我对班级管理工作的理解，我担任班长，学生会、研究生会主席直至辅导员的工作经验和方法写出来与大家交流分享。2009 年 9 月，我试着利用简易的书稿在我所工作的学院指导班级管理与建设工作。

通过十二年的不断实践和探索，原本粗疏的书稿在结构和内容上都有了明显的改进。

本书站在班级管理者（辅导员、班主任、班导师、班长等）的角度来思考大学班级管理工作中遇到的各种问题，以及如何解决这些问题，力求看得懂、易操作、有共鸣，以启发和我一样曾经迷茫的班级管理者。写作本书的初衷是回顾和总结班级管理工作经验，为班级管理者在新时期新阶段的工作提供一些切实可行的建议。当然，由于个人能力、阅历有限，书中有许多不尽如人意的地方，甚至有些观点和做法是值得商榷的，恳请领导、专家不吝批评指正。

本书能够顺利完成，感谢吴承泉、魏晓灿、陈鹏辉、曹永华、王聪聪、黄火亮、陈芳倩、李蓉蓉、陈伟毅、李淑鸿、许恩琪、许小图、林颖等同学在实际班级管理实践中对我提出的宝贵意见！感谢我的家人，感谢所有帮助过我的人。

许志铭

2021 年 11 月